Herzlich eingeladen zum Fest des Glaubens ...
Projekte für Christen und Nichtchristen

benno

Reinhard Hauke

Herzlich eingeladen zum Fest des Glaubens ...

Projekte für Christen
und Nicht-Christen

benno

Bibliografische Information Der Deutschen Bibliothek
Die Deutsche Bibliothek verzeichnet diese Publikation
in der Deutschen Nationalbibliografie;
detaillierte bibliografische Daten sind im Internet über
http://dnb.ddb.de abrufbar.

Besuchen Sie uns im Internet unter
www.st-benno.de

ISBN 978-3-7462-2667-5

Stammerstr. 11, 04159 Leipzig
Umschlaggestaltung: Ulrike Vetter,
unter Verwendung der Bildmotive von Andreas Sturm,
Erfurt (2); Holger Jakobi, Tag des Herrn (1) und privat (1)
Gesamtherstellung: Kontext, Lemsel (A)

Inhalt

Every nation, every tribe,
come together to worship You.
In Your presence we delight,
we will follow to the end of the earth.
As your Spirit calls to rise
we will answer and do Your will.
We'll forever testify
of Your mercy and unfailing love.
Alleluia, Alleluia!
Receive the Power, from the Holy Spirit!
Alleluia, Alleluia!
Receive the Power
to be a light unto the world!

(WYD08-Song von Guy Sebastian & Gary Pinto)

Jede Nation, jedes Volk,
kommt alle zusammen, Gott anzubeten!
Wir erfreuen uns deiner Gegenwart,
wir folgen dir zu den fernsten Enden der Erde.
Wenn dein Geist uns zum Emporsteigen ruft,
werden wir antworten und deinen Willen tun.
Wir bezeugen deine Barmherzigkeit
und deine fortwährende Liebe.
Alleluja, Alleluja!
Empfangt die Kraft vom Heiligen Geist!
Alleluja, Alleluja!
Empfangt die Macht, um der Welt ein Licht zu sein.

(übersetzt von Reinhard Hauke)

... was mich als Seelsorger bewegt

Oft haben wir die folgenden Schriftstellen schon gehört:
Apg 1,8: „ Aber ihr werdet die Kraft des Heiligen Geistes empfangen, der auf euch herabkommen wird; und ihr werdet meine Zeugen sein ."
1 Kor 12,13: „ Durch den einen Geist wurden wir in der Taufe alle in einen einzigen Leib aufgenommen; und alle wurden wir mit dem einen Geist getränkt."
Gal 5,25: „Wenn wir aus dem Geist leben, dann wollen wir dem Geist auch folgen."
Beim Weltjugendtag in Sydney 2008, bei dem ich zu Katechesen eingeladen war, die den Heiligen Geist in seinen unterschiedlichen Wirkungen in der Kirche nahe bringen sollten, ist mir wieder neu bewusst geworden, welche Überzeugungskraft hinter den eingangs genannten Schrifttexten steht: Überzeugungskraft des Gottesgeistes und der Apostel und Evangelisten. Als Seelsorger in der thüringischen Diaspora treibt mich der Gedanke um, dass sowohl den Christen als auch den Nichtchristen dieser Schatz neu bewusst werden muss. Damit die Welt und auch die Kirche eine Zukunft hat. Oft wurde ich schon gefragt, warum ich mich mit der Frage beschäftige, wie der Glaube zu den 75% ungetauften Thüringern kommen kann. Darauf konnte ich immer nur antworten: „Ich

möchte den Thüringern das Evangelium nahe bringen, weil es eine große Kostbarkeit ist, die mich reich gemacht hat und die ich auch ihnen von Herzen wünsche.“ Dahinter steckt der Gedanke und die Überzeugung: Glaube ist ein Geschenk Gottes an die Menschen und er macht uns reich.

Allen Redewendungen, die davon sprechen, dass der Christ „religiös gebunden“ ist, kann ich nicht so ohne weiteres zustimmen. Ich fühle mich nicht religiös gebunden, sondern religiös befreit. Der Glaube schenkt einen weiten Horizont. Gerade im Gespräch mit Menschen, die von traurigen oder frohen Erfahrungen in ihrem Herzen tief berührt worden sind, erkenne ich den Glauben in dieser Weise neu.

Ich gebe zu, dass die folgenden Gedanken aus einer besonderen pastoralen Situation erwachsen sind und nicht eins zu eins auf alle seelsorglichen Situationen angewendet werden können. Ich möchte aber ermutigen, sich auf die Situationen einzulassen, die Menschen unserer Tage uns Seelsorgern bringen und auf die sie von uns eine Antwort erwarten. Die Veränderungen müssen uns nicht ängstigen. Sie sind für mich die Stimme Gottes in unseren Tagen, und der Geist Gottes führt die Kirche auch heute – manchmal durch dunkle Täler – immer in ein gelobtes Land.

Weihbischof Dr. Reinhard Hauke

... wenn Menschen sich auf Gott einlassen

Die Erfahrungen der Apostel

Ich finde die Apostelgeschichte spannend wie einen Kriminalroman, denn sie erzählt von dem, was nach menschlichem Ermessen unmöglich ist. Sie berichtet von Aposteln, die als vielfach ungelernte Prediger sich trauen, vor viele Menschen hinzutreten und ihnen von Jesus Christus zu erzählen. Sie geben ihre bisherigen Sicherheiten auf – die Familien und den Beruf. Sie lassen sich auf Jesus Christus ein, der sie angesprochen hat und in seine Nachfolge rief. Sie erhoffen sich von ihm die Rettung Israels und erleben den Protest vieler Juden. Sicherlich werden sie alle selbst auch die Fragen des Thomas gestellt haben und für die Unsicherheiten, die Petrus zeigte, Verständnis entwickeln. Die Katastrophe war der Tod Jesu am Kreuz. Dass sie aus diesem Loch der inneren Verzweiflung wieder herausgefunden haben, war für mich das entscheidende Wunder und ist für mich ohne die Kraft des Heiligen Geistes nicht denkbar. Sie überwinden zumindest am Pfingstfest ihre Angst um sich selbst und trauen sich, gegen alle bisherigen Meinungen anzugehen und mit Freude das Evangelium zu verkünden. Was sich hier ereignet hat, geschieht im Laufe der Zeit immer wieder: Menschen geben alles auf, um Christus nachzufolgen. Sie haben mit Sicherheit viele Fragen in sich. Sie wissen nicht, wie alles ausgeht, aber sie haben das Gefühl: Es ist der richtige Weg und die richtige Entscheidung.

Erfahrungen im Land der heiligen Elisabeth

So war es auch bei der heiligen Elisabeth von Thüringen. Aus Anlass ihres 800. Geburtstages wurde im Jahr 2007 in Thüringen und besonders in unserem Bistum Erfurt von vielen Seiten aus ihr Leben betrachtet. In Thüringen haben wir durch eine Umfrage bei Nichtchristen „Die sieben Werke der Barmherzigkeit für Thüringen" entwickelt. Wir wollten damit in den Blick nehmen, was die Menschen in Thüringen von der Kirche erwarten. Die sieben Werke lauteten:
Ich besuche dich.
Ich teile mit dir.
Ich höre dir zu.
Du gehörst dazu.
Ich bete für dich.
Ich rede gut über dich.
Ich gehe ein Stück mit dir.

Mir selbst kam die Aufgabe zu, einen Vortrag zum ersten Thema zu halten: Ich besuche dich.
Bei der Erarbeitung des Vortrags wollte ich zu diesem Werk der Barmherzigkeit eine Aktualisierung beisteuern, die nicht nur einfach aufzählt, sondern grundsätzliche Hilfe anbietet. Was ist also nötig, um in der Art und Weise wie die heilige Elisabeth heute tätig sein zu können?
Mir fiel dazu das Schreiben der Deutschen Bischöfe vom Jahr 2000 in die Hände „Zeit zur Aussaat". Dort werden als Elemente des Zeugnisgebens genannt:

Zeugnis des Lebens

Das Schreiben der Deutschen Bischöfe lädt zunächst zum „Zeugnis des Lebens" ein.[1] Diese Haltung prägt das missionarische Tun und verleiht im einen liebvollen und ansprechenden Charakter.
Zitat:

> *Wenn Menschen aus dem Glauben leben und dadurch erkennen lassen, wie ernst der Glaube im Leben genommen wird, dann weckt dieses „Zeugnis ohne Worte" den Wunsch, mehr von diesem Glauben erfahren zu dürfen... Denn der erste Schritt zum Christwerden gründet in der Erfahrung, Menschen kennen gelernt zu haben, die als überzeugte Christen leben.*[2]

Der Nichtchrist tritt in das Leben der Christen ein, er besucht sie in ihren Räumen und lernt zugleich ihre Innenräume kennen. Das sind oft Erfahrungen, die mit Verwunderung, Staunen und Begeisterung einher gehen. Wir Christen sind uns oft nicht bewusst, welche Bedeutung der Lebensstil des Christen hat. Wir werden genau beobachtet. Die ersten Kontakte zwischen Jesus Christus und den Jüngern Andreas und seinem Freund, dessen Namen wir hier nicht erfahren, bestehen darin, den Wohnraum Jesu aufzusuchen. „Kommt und seht"[3] ist seine Einladung. Der Besuch bei Jesus Christus hat ihr Leben verändert.

Die Gastfreundschaft wird als besondere Tugend der Christen vorgestellt. Ein Kirchenlehrer des 3. Jahrhunderts wird zitiert, der auf die Frage, wie jemand Christ werden könne, geantwortet hat: „Ich nehme ihn ein Jahr als Gast in mein Haus auf."[4] „Ich gebe dir die Chance, mich zu besuchen" ist hier der Anfang des Glaubens. Der Besuch beschränkt sich nicht darauf, dass der Christ sich besuchen lässt, sondern dass der Christ zugleich mit seinem Glauben den Nichtchristen besucht, ihn in sich einlässt mit seinen neuen Gedanken und einen Raum der Begegnung schafft. In diesem Raum muss dann das Wort gesprochen werden, das aufhilft und sich der Hilfesuchende nicht selbst zusagen kann.

Zeugnis des Wortes

Eingangs wird die missionarische Haltung gekennzeichnet mit der Empfehlung, eine „Zurückhaltung im Sprechen, eine Art Feinfühligkeit"[5] zu üben. Sicherlich gilt diese Empfehlung zur Feinfühligkeit nicht nur den Worten mit religiösem Inhalt, sondern hat auch schon mit den Fragen des Lebens zu tun wie Gesundheit, Finanzen und familiäre Beziehungen. Wenn ich einen Mitmenschen aufsuche, darf ich einerseits nicht mit Überheblichkeit kommen, sondern muss mit der Haltung der Liebe ihm begegnen, damit meine Worte auf Verständnis stoßen. Die Zurückhaltung darf jedoch anderseits nicht dazu führen, dass ich alles verschweige, was mir lieb und wert ist. Die Bereitschaft zum Zeugnis, Auskunftsfähigkeit und Sprachfähigkeit wird vom Christen erwartet.[6] An den „Orten der Verkündigung" – besonders am Ort der Eucharistiefeier – besteht die Chance zum „Besuch der Frohen Botschaft", die von konkreten Christen weitergegeben wird. Darüber hinaus wird der Familienkreis, Bibelkreis und die Familie selbst als Ort der Glaubensweitergabe genannt.[7] Weiterhin gelten Katechese und Religionsunterricht als Räume des Glaubens, in denen Gäste willkommen sind, die nach Weitung des Lebenshorizontes verlangen.[8]

Schließlich soll der Raum der Medien eigens hervorgehoben werden als ein Raum der möglichen Begegnung, als ein Raum des Besuchs, der zur gegenseitigen Bereicherung führt. „Ich besuche dich“ kann hier bedeuten: Ich bringe dir eine gute Nachricht am Morgen und Abend in einer Andacht und auch bei der Übertragung eines Rundfunkgottesdienstes oder mit einem Bericht über den Weltjugendtag oder über den Besuch des Papstes in Bayern. Mit solchen Sendungen dringt der Glaubende in die Wohnungen der Mitmenschen ein. Sie haben – wie bei einem Besuch an der Wohnungstür – die Möglichkeit, zu öffnen oder sich zu verschließen. Ich kann das Radio oder den Fernseher anschalten oder abschalten. Der Besuch lässt dem Besuchten alle Chancen zur Selbstbestimmung. Folgende Kriterien für einen Besuch müssen hier Berücksichtigung finden: Hochachtung vor der persönlichen Entscheidung der Mitmenschen – bis hin zum Respekt vor der Ablehnung.

Damit hatten die Apostel zu tun. Damit hatte die heilige Elisabeth zu tun. Damit hatte der heilige Bonifatius zu tun, und alle haben diesen Kampf durchgestanden im Vertrauen auf die Kraft des Heiligen Geistes. Auch die Märtyrer Dietrich Bonhoeffer und Maximilan Kolbe lebten aus der engen Verbundenheit mit Jesus Christus und aus der Kraft des Heiligen Geistes. Übermenschlich ist, was wir von ihnen hören. Man möchte es fast nicht glauben, aber dennoch ist es wahr und ein Zeugnis für die Kraft Gottes.

Die großen Vorbilder im Glauben haben alle mal

„klein angefangen". Das waren ihre Gespräche mit Seelsorgern und Freunden, mit Arbeitskollegen und Gemeindemitgliedern. Der Geist Gottes hat geholfen, den Glauben zu bedenken, tiefer zu verstehen und dann auch zu leben. Der Weltjugendtag 2008 in Sydney war für viele jungen Christen eine Erfahrung des Gottesgeistes und eine Erfahrung der Weltkirche, in der dieser Heilige Geist am Wirken ist. Es war dort das Tun der Christen, das den Raum für das Wirken des Heiligen Geistes geschaffen hat. Es gab die Räume des geistlichen Gesprächs bei den Katechesen und die Räume des Gotteslobes bei den Eucharistiefeiern, der Vigil und dem Kreuzweg. Es gab das Gespräch und das gemeinsame Gebet von Jugendlichen aller Nationen und Sprachgruppen auf den Plätzen und in den Quartieren, bei den „Tagen der Begegnung" und beim großen Glaubensfest in Sydney.
Für die Bischöfe war es eine Herausforderung, das Thema des Weltjugendtages: „Ihr werdet die Kraft des Heiligen Geistes empfangen, der auf euch herabkommen wird; und ihr werdet meine Zeugen sein" (Apg 1,8) in eine Form zu gießen, die dem Anliegen entsprach und auch der Situation der Jugendlichen. Da die Katechesen in den jeweiligen Sprachgruppen gehalten wurden, konnte auch davon ausgegangen werden, dass die Aktualisierungen verstanden wurden, denn die Erfahrungen mit der konkreten Kirche waren gleich oder wenigstens ähnlich.

Für mich war das vorgegebene Thema Anlass, meine Erfahrungen mit der konkreten Kirche in Thüringen ins Gespräch zu bringen, auch wenn nicht alle diese Situation hautnah kannten. Aber man konnte sich wohl vorstellen, wie in einem Bistum gearbeitet werden muss, in dem 75% der Bevölkerung ohne Religion leben. Die Erarbeitung der Katechesen gab mir nach mehrfachen Anfragen den entscheidenden Impuls, die sogenannten „Erfurter Projekte“ von gottesdienstlichen Feiern mit Christen und Nichtchristen und von Kirchensanierungen, bei denen das Nachdenken über das Leben und Sterben der Christen und Nichtchristen eine große Rolle spielte, in einem Buch vorzustellen und verstehbar zu machen. Der Kontext schien mir eine gute Ausgangsbasis zu sein: das Nachdenken über das Wirken des Heiligen Geistes in seiner Kirche. Ich bin überzeugt, dass alle Veränderungen, die wir auch durch die Reduktion an Mitgliederzahlen in der Kirche und an finanziellen Mitteln erleben, nicht Zufall sind, sondern einem Plan folgen, den zu ergründen es unsere Aufgabe ist und bleibt.
So möchte ich einladen, die Projekte zu studieren, die wesentlich durch die Veränderungen nach der Wende 1989/1990 begünstigt wurden und die Kraft des Evangeliums zeigen, das uns anvertraut worden ist.
Ich bin Priester geworden, weil ich am Aufbau der Gemeinde mithelfen wollte – nicht nur im Ehrenamt, sondern im Hauptamt; nicht nur in der Gemeinde,

sondern auch ihr gegenüber als Helfer für die Charismen, die sich in ihr befinden. Ich kann natürlich immer auch als Mitglied der Gemeinde die Charismen erkennen und organisieren, aber ich kann es wohl als Gemeindeleiter noch besser und kompetenter. Von 1979 bis 1987 habe ich in 2 großen Gemeinden der Diaspora und des Eichsfeldes als Kaplan gearbeitet und verschiedene Weisen der Seelsorge durch die Pfarrer erlebt. Ich habe den großen Theologen erlebt, der gern bei den Predigten sowohl die Theologie vorgestellt hat, als auch den Gemeindebezug herstellte und damit die Theologie nutzbar machte. Ich habe den ehrlichen Mitbruder erlebt, der im Team arbeiten und denken wollte. Ich habe den traditionsbewussten Pfarrer erlebt, der nach zwei Grundprinzipien handelte: Das war schon immer so! und: Das war noch nie! Dann wurde ich selbst Pfarrer in der Kathedrale des Bistums, in der Wendezeit, mit vielen Möglichkeiten, Erwartungen und Hoffnungen. Aus den alten Bundesländern zogen Familien nach Erfurt und wollten dort eine neue Existenz aufbauen. Vereine kamen, um bei uns neue Mitglieder zu werben. Manche hatten Erfolg und manche mussten unverrichteter Dinge wieder abziehen. Das Geld spielte plötzlich eine große Rolle. Vorher hatten wir kein Geld und die Beziehungen waren wichtig. Sie haben uns auch zusammengeschweißt. Nun wurde viel gerechnet, und auch das Wort fiel: Das rechnet sich nicht! Mit Kindern und Jugendlichen waren Fahrten möglich, wenn sie finanzierbar waren. In die Kirchen kamen die Kinder- und Jugendgruppen, die in der Stadt Erfurt zu Hause waren, und wollten etwas über Kirche erfahren. Ungetaufte Jugendliche der 8. Klasse konnte ich ansprechen, ob sie nicht vielleicht Lust hätten, in der Kirche ihre Jugendweihe zu gestalten und in den Gemeinderäumen zusammen mit Mitgliedern der Gemeinde über die Veränderungen nachzudenken, die mit dem Erwachsenwerden sich einstellen. Es war möglich, in der Öffentlichkeit für Gottesdienste zu werben, die für Verliebte, für Kranke oder am Heiligabend angeboten wurden und zu denen bewusst die Nichtchristen eingeladen waren. Kirche konnte neu gestaltet werden, und jeder Tag war spannend, weil er neue Herausforderungen brachte. Als die große Glocke des Erfurter Domes aus dem Jahr 1497 einen Riss bekam und geschweißt werden musste, war für mich ein Punkt gekommen, wo ich erkannte: Zwischen Kirche und Welt ist die Entfernung ganz klein geworden, denn alle Menschen suchen die Weite des Denkens und des Lebens. Eine Kirchenglocke wie die Gloriosa, die in der Stadt unter den Katholiken als das 8. Sakrament gilt, konnte Menschen zusammenbinden, die bisher keine Kontakte hatten. 120.000,- EURO waren nötig, um die Reparatur vorzunehmen. Durch einen Spendenaufruf kam die Summe zusammen, denn die Sponsoren

waren zugleich Kandidaten, die beim Läuten der Glocke im darauffolgenden Jahr neben der Glocke stehen können, wenn sie in der Lostrommel gezogen werden. Das Anläuten der Glocke selbst am 8. Dezember 2005 war ein tiefgreifendes Erlebnis. Der Domplatz war mit Bürgerinnen und Bürgern der Stadt gefüllt, und alle hörten still dem Klang der Glocke zu – manche mit Tränen in den Augen.
Kirche hat Menschen unterschiedlichster Denkweise miteinander verbunden – praktisch und auch emotional. Hat das mit dem Gottesgeist zu tun? Ich denke, dass hier der Geist Gottes ganz heimlich und verborgen gewirkt hat – ohne dass es die Menschen und auch der Pfarrer geplant hatten.
Derzeit sind wir in allen deutschen Diözesen dabei, die Strukturen zu ändern, d.h. die Strukturen den seelsorglichen Gegebenheiten anzupassen. Das gibt bisweilen viel Unruhe, weil die Menschen den Einruck haben: Es geht um eine Organisation, die neu gestaltet werden muss. Spüren wir auch den Geist Gottes bei diesen Veränderungen? Können die Pfarrer und Bischöfe den Gemeinden das Anliegen vermitteln, dass mit den Veränderungen Seelsorge leichter und übersichtlicher wird?
Im Herbst 2007 haben die deutschen Bischöfe sich über die Veränderungen in den Diözesen ausgetauscht. Es war ein sehr spannender Studientag innerhalb der Bischofskonferenz, wo die Motivation

und das Vorgehen bei den Reformen vorgestellt und besprochen wurde. Bischof Dr. Wanke aus Erfurt hatte die Leitung des Studientages inne und fasste dann am Ende die Überlegungen wie folgt zusammen:

a) Unser Grundauftrag als Kirche

- Die Menschen mit Christus in Berührung bringen,
- Die Glaubenden um Gottes Wort und die Eucharistie versammeln und untereinander vernetzen, und
- Das Evangelium in Wort und Tat so darbieten, dass es als Angebot der Horizonterweiterung und Lebensbereicherung von den Zeitgenossen erfahren wird.

„Kirche will den Menschen helfen, inmitten dieses irdischen Lebens bleibendes Leben zu gewinnen.“[9]

b) Neue Möglichkeiten durch die Strukturveränderungen

- Die großen Seelsorgeeinheiten bieten die Chance, echte Kooperationsräume zu werden. Schwerpunktsetzungen bringen ein Profil und die Entlastung von Dingen, die nicht unbedingt nötig sind. Territorialseelsorge und Kategorialseelsorge rücken zusammen.
- Die Zusammenarbeit und das Aufeinanderangewiesensein von Laien und Hauptamtlichen wird

gefördert. Gewachsene Glaubensorte sind für Kristallisation von Glaube und Kirche wichtig. Verbände und Gruppen können solche Orte des Glaubens werden, die auch teilweise Aufgaben der Pfarrei übernehmen.

- Kindergarten und Orte der Caritas können gleichfalls Kristallisationspunkte des Glaubens werden. Wenn diese noch mehr kooperieren, knüpft sich das Netz enger.
- Wenn Zentren des Glaubens gebildet werden, muss es auch Hinwege des Glaubens geben. Dazu ist der Glaubensort „Familie" wichtig, ebenso das Kirchengebäude, in dem vielleicht nicht mehr regelmäßig Eucharistie gefeiert wird. „Wer dem Herrn begegnen will, muss sich auf den Weg machen. Aus den diakonischen und missionarischen Aktivitäten der vielfältigen Gruppen und Einrichtungen kann so etwas wie eine neue eucharistische Frömmigkeit entstehen, die die Bewegung im pastoralen Raum zu katechetischen Bewegungen macht. Natürlich gilt es, die Eucharistie liturgisch zu feiern. Aber noch wichtiger ist es, eucharistisch zu leben. Es kommt in der Pastoral nicht auf die Quantitäten an, auch nicht in der Liturgie."[10]
- Zuständigkeiten sind zu klären, wenn der Laiendienst zunimmt. „‚Leitung' und ‚Verwaltung' haben jeweils gemeinsame Schnittmengen, sind aber nicht in allem identisch."[11]

c) Konvergenzen stärken

- Investition in Personen ist wichtiger als Investition in Strukturen. Ehrenamtsdienste dürfen nicht als Helferdienste missverstanden werden, sondern sind pastorale Dienste mit Eigenverantwortung.
- Neue Horizonte eröffnen sich durch den Dienst der Laien. Es kommt zu einer neuen gottesdienstlichen Vielfalt.

Innerhalb des eigenen Bistums hat Bischof Dr. Joachim Wanke mit Hirtenbriefen und Gesprächen versucht, die Menschen auf die Veränderungen vorzubereiten, und wir haben heute den Eindruck, dass es gut gelungen ist. Derzeit planen wir aber auch weiter und denken an geistliche Zentren, in denen das Christentum ausdrücklich gelebt wird. Wir sind dankbar für zwei Niederlassungen von jeweils drei bis vier Ordensfrauen, die in diesem Jahr gegründet wurden. Damit besteht die Möglichkeit, an Orten, in denen bisher noch nie Ordensleute waren, etwas Neues zu beginnen und Kontaktmöglichkeiten für interessierte Menschen zu schaffen. Es war ein Geschenk, als diese beiden Ordensgemeinschaften bei uns angefragt hatten. Das war genau in der Planungsrichtung, die wir selbst schon begonnen hatten. Nun kam so etwas wie ein Fingerzeig vom Himmel: Denkt in dieser Richtung weiter. Mit diesen Gedanken gibt es schon einen Übergang zu einer weiteren Quelle der Seelsorge: den Heiligen Geist.

… an der Schwelle zur Kirche …

Der Schaukasten einer Kirche ist für mich ein wichtiges Instrument der missionarischen Seelsorge. Wenn ich mir die Schaukästen der Gemeinden aber ansehe, dann frage ich mich: Für wen sind diese Informationen? Müssen die Ministrantenpläne dort aushängen? Muss dort für einen Kuchenbasar geworben werden? Es geht hier ja eigentlich um den Schaukasten der Gemeinde, die sich hier ins Herz schauen lassen möchte und dadurch zum Mittun einladen will. Seit 1987 gibt es auf dem Erfurter Domberg verschiedene Versuche, den Schaukasten der Gemeinde – „das Herz der Gemeinde" – verständlich zu machen. Dazu einige Informationen:

… bei der „Feier der Lebenswende"

Die Idee und die Umsetzung

Im Oktober 1997 wurde das Projekt „Feier der Lebenswende" in Verantwortung der katholischen Domgemeinde St. Marien in Erfurt gestartet. Es richtet sich an Jugendliche, die in der 8. Klasse sind und –

entsprechend örtlicher Tradition – ein Fest wünschen, das in der Zeit des Sozialismus als „Jugendweihe“ bezeichnet wurde.
Das gegenseitige Kennenlernen wie das Vertrautwerden mit dem Raum, in dem die Feier stattfinden sollte, war ein erster Schritt zum Gelingen des gemeinsamen Projektes. Das gewählte Thema lautete: „Freundschaft – Verantwortung füreinander“. Der Rückblick auf das bisherige Leben und der Ausblick auf die Zukunft und Verantwortung in der Gesellschaft prägen die Feier von ca. 75 Minuten. Der bisherige Weg wird durch ein Tuch angedeutet, das in der Lieblingsfarbe der Jugendlichen gefärbt und von den Eltern, die den Jugendlichen in das Leben gebracht haben, auf dem Boden ausgelegt wurde. Darauf werden Gegenstände gelegt, die an den bisherigen Weg erinnern.
In einem zweiten Schritt sollen die Jugendlichen ihre Erwartungen betreffs Berufsleben und persönlicher Lebensgestaltung bedenken. Im Zentrum der Feier steht ein literarischer Text – z. B. von Phil Bosmans, oder Märchen und Fabeln aus kathechetischer Literatur. Die Jugendlichen beschreiben anhand dieser Texte ihre Zukunftsvorstellungen. Das Ergebnis dieser Überlegungen wird dann in der Feier der „Lebenswende“ vorgetragen. Eine Kerze, die zu dem Tuch gestellt wird, das den bisherigen Lebensweg beschreibt, soll Symbol der Zukunftshoffnung sein.
Bei einem dritten Vorbereitungsabend wird über die

Probleme der Gesellschaft und Welt nachgedacht, um daraufhin Bitten betreffs der Veränderung dieser Probleme zu formulieren. In diesem Zusammenhang kam der Wunsch auf, als Gruppe eine Einrichtung zu besuchen, in der konkrete Hilfe für Problemfälle der Gesellschaft angeboten wird und wo auch die Jugendlichen selbst helfen können. Schließlich kam die Idee auf, für Obdachlose selbst eine Aktion vorzubereiten. Seit 1998 ist es Tradition geworden, dass an mehreren Nachmittagen die Jugendlichen im Pfarrhaus an Obdachlose ein selbstgekochtes Mittagessen verteilen. Dabei ist die Sorge um das Essen für die Obdachlosen das erste Interesse, und vielfach ergibt sich nebenbei ein Gespräch über Ursache und konkrete Situation der Obdachlosigkeit.

Die Jugendlichen übernehmen fast vollständig – außer dem Präludium und Postludium durch die Orgel – die musikalische Gestaltung der Feier. Dabei sind Jugendliche beteiligt, die mit hohem Können klassische oder moderne Literatur spielen. Aber auch Jugendliche, die lediglich mit einer Hand das Keybord spielen können, sind zur Mitgestaltung eingeladen.

Im Anschluss an die Feier im Jahr 2000 schrieb ein Vater folgenden Text:

„Wichtig ist die Vermittlung von prinzipieller Zuversicht und Hoffnung, auch bei ungewisser Zukunft, und die Toleranz, die Zukunft anzunehmen, auch wenn es eben nicht so kommt, wie man es sich wünscht und plant. Wichtig ist, sich einer Segnung bewusst zu sein.“

Ein konkretes Beispiel

Feier der Lebenswende – an einem Samstagnachmittag zwischen Ostern und Pfingsten, 14.00 Uhr im Langhaus des Erfurter Domes

1) Einzug mit Orgelspiel
(Einzug der Jugendlichen aus dem Kreuzgang. Die Verwandten haben sich vorher in den Bänken versammelt. Platzierung der Jugendlichen in den ersten Bankreihen neben dem Elternteil, das Tuch auslegt; Tuch und Kerzen sind am Platz; Wünsche in Rollen sind bei den Vortragenden)

2) Musik der Jugendlichen

3) Begrüßungsworte
Der Dom empfängt täglich Menschen mit unterschiedlichem Interesse. Die einen wollen hier zu Gott beten, weil sie Christen sind. Sie suchen die Zeugnisse des christlichen Glaubens in den Kunstwerken, in den Liedern und im Gottesdienst. Andere suchen Ruhe und wollen sich besinnen. Sie wollen abschalten und durch Stille, Kerzenanzünden und Blumennieder-

legen eine Antwort auf die Fragen des Lebens und des Todes erhalten. Andere wollen nur Kunstwerke sehen und ihre Kenntnisse erweitern und prüfen. Auch die Musikliebhaber wollen hier gute Kirchenmusik hören und kommen gern zu den Konzerten.
Wir haben uns heute hier versammelt, um zusammen mit (Zahl nennen) Jugendlichen die „Feier der Lebenswende“ zu begehen. Junge Menschen wollen ein Zeichen dafür setzen, dass sich mit ihnen etwas verändert hat, dass sie gewachsen sind und an der Schwelle zum Erwachsensein stehen. Sie haben sich dazu entschlossen, es im Raum einer Kirche zu tun, in dem Lebenswende von Christen praktiziert wird, wenn Menschen durch die Taufe Christen werden, wenn aus zwei Liebenden ein Ehepaar wird oder wenn sich junge Männer für den Dienst in der Kirche entscheiden und die Priesterweihe empfangen. Es ist auch ein Raum, in dem an die Wende vom Leben zum Tod eines Gemeindemitgliedes gedacht und für das Leben bei Gott gebetet wird. Und somit ist die heutige Feier eingebettet in die christlichen Feiern an den Lebenswenden von der Geburt bis zum Tod.

Ich bitte die Jugendlichen, sich am Beginn der Feier uns vorzustellen. Zum Zeichen des bisherigen Lebensweges wird ein Tuch durch Vater, Mutter oder Geschwister ausgebreitet, das die Lieblingsfarbe der Jugendlichen zeigt und auf dem dann ein Erinnerungsstück aus dem bisherigen Leben zu sehen sind. Danach werden die Jugendlichen für die Begleitung auf dem bisherigen Weg auf ihre Weise danken.

4) Vorstellen der Jugendlichen

5) Danach oder zwischen den Gruppen: Musik der Jugendlichen

6) Persönliche Wünsche für die Zukunft
Ich bitte nun die Jugendlichen nach vorn, um ihre persönliche Zukunft zu beschreiben, die sie auf der Grundlage ihrer bisherigen Fähigkeiten und Erfahrungen gestalten wollen. Die Kerze, die sie dabei in der Hand halten, ist ein Symbol der Hoffnung. Die Menschen haben gerade in den letzten Tagen und Wochen den symbolischen Wert der Kerze neu erkannt. Sie ist zum Zeichen der friedlichen Wende geworden. Die Kerze wird zu dem Tuch, dem Symbol des Lebensweges, gestellt.

Wünsche betreffs Arbeit, Partnerschaft und Sinn
(Der Pfarrer geht im Innenkreis der Jugendlichen
mit dem Mikrophon herum)

7) Kommentar von Dr. Hauke und Überleitung:
Wir hören nun einen Text (z.B. von Phil Bosmans mit dem Titel: „Ein Freund“). Er wurde von den Jugend-

lichen aus mehreren Möglichkeiten ausgewählt. Jugendliche (Namen nennen) tragen ihn vor.

8) Ein literarischer Text

9) Ansprache

10) Musik der Jugendlichen

11) Einladung zu den Bitten:
Ich bitte nun die Jugendlichen (Namen nennen) nach vorn: Sie tragen uns die Bitten und Wünsche der Jugendlichen vor, die sie angesichts der Nöte haben, die ihnen aus der Welt und Gesellschaft bekannt sind. Diese Bitten und Wünsche werden danach allen Jugendlichen als Gedächtnisstütze mitgegeben. Vielleicht sind sie so etwas wie ein Vermächtnis der Jugendlichen (Jahreszahl).

12) Wünsche und Bitten für die Welt, in der wir gehen und zu der wir gehören

13) Segen und Sendung
Ich bitte nun die Jugendlichen, den Schal umzulegen, die Kerze in die eine Hand und den Wunschzettel für die Welt in die andere Hand zu nehmen und nach vorn zu kommen.
Zum Abschluss dieser Feier möchte ich als Pfarrer

dieser Gemeinde Gott um seinen Segen für die Jugendlichen, ihre Eltern und Verwandten bitten. Segen bedeutet: Gott hat ein Interesse an uns. Er spricht zu uns ein gutes Wort und lässt Taten folgen.

Guter Gott,
junge Menschen haben heute von ihrem bisherigen Leben erzählt und ihre Pläne für sich und die Welt uns mitgeteilt.
Sie haben über Freundschaft nachgedacht, die wie Brot und Wein ist – für den Alltag und für das Besondere im Leben. Sie haben in ihren jungen Jahren erfahren, wie gut es tut, wenn sich jemand für unser Leben interessiert, und sie haben selbst Interesse am Leben anderer bei der Hilfe für Obdachlose gezeigt.
Ich bitte dich heute für diese jungen Menschen und für alle, die sie auf ihrem Lebensweg begleitet haben und auch weiterhin begleiten werden:
Stärke sie im Guten, schenke ihnen zahlreiche ermutigende Erfahrungen bei der Suche nach Freundschaft und Glück, richte sie auf, wenn sie mutlos geworden sind und lass sie die Früchte ihrer Mühe und ihres Fleißes sehen.
Dazu segne alle der gute Gott, der Vater, der Sohn und der Heilige Geist. Amen.

14) Auszug der Jugendlichen mit Orgelspiel

... beim „Nächtlichen Weihnachtslob“

Die Entstehung der Feierstunde

In der Landeshauptstadt Thüringens leben über 200 000 Bürger, von denen etwas 25% die Zugehörigkeit zu einer christlichen Kirche angeben. Inmitten der Stadt steht als Wahrzeichen der Domberg mit zwei katholischen Kirchen: dem Dom St. Marien und der St. Severikirche. Dieses kulturhistorisch bedeutsame Ensemble von zwei Kirchen, das auch die mehrheitlich nichtchristliche Bevölkerung als „ihr Wahrzeichen“ ansieht, übt zu besonderen Zeiten eine große Anziehungskraft aus. So auch am Heiligen Abend. Seit vielen Jahrzehnten kann festgestellt werden, dass die Bürger der Stadt am Heiligen Abend gern zum Domberg gehen und im Dom eine Atmosphäre vorfinden wollen, die ihnen den Sinn dieses Abends und des Weihnachtsfestes erschließt. Die Menschen kommen zum Domberg, wenn die häusliche Feier beendet ist oder die gastronomischen und caritativen Einrichtungen geschlossen haben, d.h. gegen 23.00 Uhr. Zu dieser Uhrzeit feierte lange Zeit die Domgemeinde mit dem Bischof die Christmette im Dom, und diese „Be-Sucher“ standen bei der Eucharistiefeier mehr oder weniger verständnisvoll dabei. Seitens der Pfarrgemeinde wurde diese Tatsache als störend empfunden. Es ist aber auch durchaus denkbar, dass sich die nichtchristlichen Besucher unwohl fühlten. Die einen verstanden nicht das ungebührliche Verhalten der Nichtchristen im Gottesdienst und die anderen verstanden nicht die liturgische Feier der Christen. Es entwickelte sich demzufolge allmählich der Gedanke: Es muss für die nichtchristlichen „Besucher“ eine eigene Feier gestaltet werden, die mehr ist als ein Krippenspiel und doch auch keine Christmette. Der Bischof entschied 1988 nach Rücksprache mit den Seelsorgern des Domberges und dem Pfarrgemeinderat, dass die traditionelle Feier der Christmette in die benachbarte St. Severikirche verlegt wird und sich daran eine eigens gestaltete Feierstunde für die Bürger der Stadt, die an diesem Abend im Dom die weihnachtliche Botschaft hören wollen, anschließt. Die Feierstunde erhielt den Namen „Nächtliches Weihnachtslob“. Bischof Dr. Wanke bezeichnete diesen Gottesdienst als „präkatechumenale Feier“[12]. Das Durchschnittsalter der Teilnehmer von ca. 35 Jahren[13] ist eine zusätzliche Herausforderung, denn es ist anzunehmen, dass selbst traditionelles Wissen über Weihnachten und seinen Ursprung nicht vorhanden ist, da diese jungen Menschen in der sozialistischen Ideologie aufgewachsen sind, die das Weihnachtsfest zum „Fest der Familie“ oder „Fest der Geschenke“ umfunktioniert hatte.

Ein konkretes Beispiel

***Feier der Geburt unseres Herrn Jesus Christus –
Weihnachten –
Dom St. Marien zu Erfurt
NÄCHTLICHES WEIHNACHTSLOB
am Heiligen Abend, 24.12.2003, 23.30 Uhr***

*1) Zum Einzug des Bischofs spielt die Bläsergruppe:
Intrade*

2) Lied: Nach dem Vorspiel der Orgel
Gemeinde:

1. Strophe (mit Orgel)
Es ist ein Ros entsprungen
aus einer Wurzel zart,
wie uns die Alten sungen,
von Jesse kam die Art,
und hat ein Blümlein bracht
mitten im kalten Winter
wohl zu der halben Nacht.

2. Strophe (mit Bläser)
Das Röslein, das ich meine,
davon Jesaja sagt,
ist Maria, die Reine,
die uns das Blümlein bracht.
Aus Gottes ew'gem Rat

hat sie ein Kind geboren
und blieb doch reine Magd.

3. Strophe (mit Orgel und Bläser)
Das Blümelein so kleine,
das duftet uns so süß;
mit seinem hellen Scheine
vertreibt's die Finsternis,
wahr' Mensch und wahrer Gott,
hilft uns aus allem Leide,
rettet von Sünd' und Tod.

3) Begrüßung durch den Bischof und Hinführung zur Feier

4) Abschnitt 1 der Weihnachtsbotschaft (Lk 2,1-7)

5) Meditation
über den Choral „Freuet euch, ihr Christen alle“ (Bach) Bläser mit Orgelzwischenspiel

6) Abschnitt 2 der Weihnachtsbotschaft (Lk 2,8-14)

7) Orgelmusik über das Lied „In dulci jubilo“ (GL 142)

8) Abschnitt 3 der Weihnachtsbotschaft (Lk 2,15-20)

9) Predigt des Bischofs

10) Lied: Nach dem Vorspiel der Orgel
Gemeinde:

1. Strophe (mit Orgel)
Stille Nacht, heilige Nacht!
Alles schläft, einsam wacht
nur das traute hochheilige Paar.
Holder Knabe im lockigen Haar:
Schlafe in himmlischer Ruh!
Schlafe in himmlischer Ruh!

2. Strophe (mit Bläser)
Stille Nacht, heilige Nacht!
Gottes Sohn, o wie lacht
Lieb aus deinem göttlichen Mund,
da uns schlägt die rettende Stund:
Christ, in deiner Geburt!
Christ, in deiner Geburt!

3. Strophe (mit Orgel)
Stille Nacht, heilige Nacht!
Hirten erst kundgemacht;
durch der Engel Halleluja,
tönt es laut von fern und nah:
Christ der Retter ist da!
Christ der Retter ist da!

11) Geläut der Osanna, der größten Glocke der St. Severikirche.

12) Einleitung zu den Fürbitten (Dompfarrer):
Liebe Besucher des Domes!
In der Adventszeit haben Touristen und Gottesdienstteilnehmer Anliegen in einem ausgelegten Buch eingeschrieben, die heute vorgetragen werden sollen. Von der Vielzahl der Anliegen können nur einige genannt werden. Alle anderen Wünsche und Bitten hat Gott gehört und wird davon in Erfüllung gehen lassen, was er für gut hält.
Wir antworten jeweils:
Wir bitten dich, erhöre uns!

13) Fürbitten in den Anliegen der Kirche und der Welt:

14) Einleitung des Vaterunsers (Bischof)
Ich möchte Sie nun einladen, alle Bitten zusammenzufassen in dem Gebet, das Jesus Christus, der menschgewordene Sohn Gottes, seine Freunde gelehrt hat:

15) Gebet des Vaterunsers:

Vater unser im Himmel,
geheiligt werde dein Name.
Dein Reich komme.
Dein Wille geschehe,
wie im Himmel so auf Erden.
Unser tägliches Brot gib uns heute.
Und vergib uns unsere Schuld,

wie auch wir vergeben unsern Schuldigern.
Und führe uns nicht in Versuchung,
sondern erlöse uns von dem Bösen.
Denn dein ist das Reich und die Kraft
und die Herrlichkeit in Ewigkeit. Amen.

16) Gebet des Bischofs

Oration

Guter und starker Gott,
du hast der Welt deinen Sohn
Jesus Christus geschenkt.
Du hast allen Menschen durch sein Kommen deine Liebe und Sorge um die Welt und die Menschen bezeugt.
Wir danken dir dafür.
Wir bitten dich heute:
Lass unser Tun segensreich sein für die Menschen.
Alle Menschen sollen erahnen können, dass die Welt durch dich zu einem guten Ende kommt.
Darum bitten wir dich durch Christus, unseren Bruder und Herrn. Amen.

17) Einladung zum Gruß an den Nachbarn

Bischof:

Bevor ich Ihnen den Segen Gottes erbitte, möchte ich Sie einladen, Ihrem Nachbarn einen guten Wunsch mit auf den Weg zu geben. Diese Nacht können wir auch „Nacht der guten Wünsche" nennen. Ich bin sicher, dass alles, was aus einem liebenden Herzen kommt, von Gottes Segen begleitet wird.

(Die Besucher geben dem Nachbarn die Hand mit guten Wünschen.)

18) Weihnachtssegen
Bischof:
Ich erbitte nun von Gott für Sie und Ihre Verwandten und Freunde den Segen Gottes:

Der gute Gott,
der seinen Sohn zu uns in die Welt geschickt hat,
sei bei Euch in diesen Tagen der Weihnacht
und an allen Tagen Eures Lebens.
Es segne Euch der Vater + und der Sohn und der Heilige Geist. Amen.

(Persönlicher Wunsch des Bischofs für die Weihnachtszeit und den Heimweg. Keine Sendungsformel)

19) Lied: Nach dem Vorspiel der Orgel
Gemeinde:

1. Strophe (mit Orgel)
O du fröhliche, o du selige,
gnadenbringende Weihnachtszeit!

Welt ging verloren, Christ ist geboren.
Freue, freue dich, o Christenheit!

2. Strophe (mit Bläser)
O du fröhliche, o du selige,
gnadenbringende Weihnachtszeit!
Christ ist erschienen, uns zu versühnen.
Freue, freue dich, o Christenheit!

3. Strophe (mit Orgel und Bläser)
O du fröhliche, o du selige,
gnadenbringende Weihnachtszeit!
Himmlische Heere jauchzen dir Ehre.
Freue, freue dich, o Christenheit!

20) Orgelpostludium zum Auszug des Bischofs

Zur Bedeutung dieser Gottesdienstform des „Nächtlichen Weihnachtslobes“ sagt Bischof Dr. Joachim Wanke:
„Es darf gehofft werden, dass das ‚Nächtliche Weihnachtslob‘ für manche ein Anstoß wurde, sich den verschütteten oder noch unbekannten Wahrheiten des christlichen Glaubens zu nähern.“[14]

… beim „Monatlichen Totengedenken“

Der Anfang und das Anliegen

Am 1. März 2002 wurde erstmalig ein Gedächtnisgottesdienst für Verstorbene gefeiert. Der Anlass ist die Tatsache, dass nicht mehr für alle Verstorbene ein Gedenkgottesdienst oder eine Gedenkfeier geplant wird, ja sogar persönliche Begräbnisstätten nicht mehr gewünscht sind und anonyme Beisetzungen zunehmen. Die Bestatter berichten, dass vielfach wenige Wochen nach einer anonymen Bestattung die Angehörigen bei ihnen oder auf dem Friedhof nachfragen, wo denn die Bestattung stattgefunden hat. Aufgrund der vertraglichen Regelung ist eine Ortsangabe jedoch nicht statthaft. Im “Monatlichen Totengedenken im Erfurter Dom“ – so wurde die Feier genannt – sollen nun alle Angehörigen die Möglichkeit erhalten, den Namen ihrer Verstorbenen in einem Totenbuch feierlich einzutragen, das danach am Heiligen Grab im Dom einen ständigen Aufbewahrungsort hat, an dem auch Kerzen entzündet werden können. Ein kostbarer Bucheinband aus dem Ende des 16. Jahrhunderts wurde dafür restauriert. In ihm ist ein Buch eingelegt, in das die Namen eingetragen werden. 62 Eintragungen erfolgten am 1.3. und jeweils ca. 10 Eintragungen folgen bei jedem weiteren

Gottesdienst. Als Termin für die Feiern wurde ab dem 1. März jeder 1. Freitag im Monat, 15.00 Uhr, entschieden – in der Todesstunde Jesu, zu der schon immer die Domglocken läuten. Seit September 2007 feiern wir diesen Gottesdienst in der Allerheiligenkirche inmitten der Einkaufszentren. Dort befindet sich seitdem auch das erste Kolumbarium im Osten Deutschlands.

Ein konkretes Beispiel

Monatliches Totengedenken
in der Allerheiligenkirche
Termin: 1. Freitag im Monat, 15.00 Uhr
im südlichen Kirchenschiff

Die Teilnehmer des Totengedenkens werden darauf hingewiesen, dass sie die Namen der Verstorbenen in das Buch eintragen können. Das Totenbuch liegt vor dem Altar aufgeschlagen aus. Daneben steht die Osterkerze angezündet. Weitere Opferkerzen stehen bereit.

1) *Orgelpräludium*
2) *Einzug des Zelebranten*
3) *Begrüßung der Anwesenden und Anzünden der Osterkerze*

4) Lied: Wir sind nur Gast auf Erden, GL 656, 1-5
5) Lesung: aus der Heiligen Schrift, z.B. Weish 2, 1-2b. 4ab. 21a. 22 – 3, 6.9.
6) Eintragung der Namen, Verlesen der eingetragenen Namen und Einladung zum Anzünden einer Kerze; dabei leises Orgelspiel
7) Ansprache zum Bibeltext.
8) Instrumentalmusik (Orgel)

Überleitung zu:

9) Weihrauchopfer, Inzens: dabei: GL 720 (V/A) und Vers
10) Gebet: GL 791/3 (Schluss), S. 892 (ab: „Wir danken dir ...“)
11) Gebet des Vaterunsers
12) Oration: GL 35/6, S. 78
13) Segensgebet: „Trost“ (S. 99 in: Vergiss die Freude nicht)
Segen
14) Lied: Bewahre uns Gott, behüte uns Gott (Der Herr ist mein Lied, Nr. 93)
15) Orgelspiel, dabei Auszug des Zelebranten und der Mitfeiernden mit dem Totenbuch
16) Reponierung des Totenbuches im Kolumbarium

... im „Kolumbarium“

Die Idee und die Umsetzung

Angeregt durch Präsentationen im Internet wurde das Konzept für eine partielle Nutzung der Allerheiligenkirche als Kolumbarium erarbeitet und durch die zuständigen Ämter der Kirche, der Stadt und des Landes genehmigt.
Das älteste Kolumbarium in Thüringen wurde 1892 in Gotha errichtet. Das geschah im Zusammenhang mit der Errichtung eines Krematoriums. In einem Kolumbarium werden Urnen in besonderer Weise aufbewahrt, teilweise in Säulenhallen oder in Nischen. Es handelt sich um eine Form der Beisetzung, die dem Anliegen der Christen entspricht, den Gedanken an Tod und Auferstehung für alle Bürgerinnen und Bürger einer Stadt durch die Grabstätten wach zu halten und eine Kultur des Todes zu gestalten.
Die Allerheiligenkirche schien dem Domkapitel aufgrund ihrer Lage und ihres Grundrisses geeignet zu sein, in dieser Weise als Begräbnisstätte zu dienen. Da sie schon immer Begräbnisstätte war (vgl. die Grabsteine hinter und in der Kirche) und das neue Thüringer Bestattungsgesetz von 2004 Urnenbestattungen in Kirchen zulässt, stellte eine Genehmigung kein großes Problem dar.

Nach einem Künstlerwettbewerb, an dem sich 2 Künstler und 3 Architekturbüros beteiligt hatten, wurde der prämierte Entwurf von Evelyn Körber gebaut. Es wurden 15 Stelen errichtet, die aus Stahl, geätztem Glas und hellem Muschelkalk bestehen. Die Urnenfächer sind in 6 Etagen eingerichtet, wobei in jeder Etage 7 Urnen separat als Einzelgrabstätte oder mehrere Fächer für Familiengrabstätten gewählt werden konnten. Die Liegezeit wurde – wie auch auf dem Hauptfriedhof – auf 20 Jahre festgesetzt. Eine Verlängerung der Liegezeit ist möglich und sinnvoll, wenn Familiengrabstätten bestellt werden. Um den Altar herum und im Kolumbarium wurden Möglichkeiten zum Aufstellen von Kerzen und Blumen geschaffen. Nach Ablauf der Liegezeit erfolgt die Aufbewahrung der sterblichen Überreste auf dem Friedhof hinter der Kirche. Die anfallenden Kosten für diese Beisetzungsform ähnelt denen für die Urnengrabstätten auf dem Hauptfriedhof, die seit 2000 für Christen aus der Stadt angeboten werden: derzeit sind es 1.000,- EUR.

Seit Oktober 2007 findet das Monatliche Totengedenken an jedem 1. Freitag im Monat um 15.00 Uhr, bei dem die Namen der Verstorbenen in ein Totenbuch eingetragen werden können, in der Allerheiligenkirche statt. In der übrigen Zeit wird das Buch im Dom sichtbar aufbewahrt.

Das südliche Kirchenschiff steht für die Trauerfeierlichkeiten zur Verfügung. Es besteht die Möglichkeit

für Christen und Nichtchristen, sich im Kolumbarium bestatten zu lassen und hier die Trauerfeier zu halten. Durch Vertreter der Domgemeinde wird auch Nichtchristen die Gestaltung der Trauerfeier angeboten.
Es ist in Thüringen die Urnenbestattung zu einer vorrangigen Bestattungsform geworden. Wenn auch weiterhin das Erdbegräbnis der christlichen Tradition eher entspricht, so ist doch auch die Kremierung und Beisetzung von Urnen eine denkwürdige Handlung, die an die Vergänglichkeit menschlichen Lebens erinnert und zugleich im Raum der Kirche den Blick für die Ewigkeit eröffnet. Gerade in einer Stadt, in der ca. 75 % der Bevölkerung ohne Religion lebt, ist ein solches Zeichen des Glaubens an die Auferstehung von besonderem Gewicht. Die Gestaltung des Kolumbariums soll den österlichen Gedanken nahelegen und ausdrücken. Die Domgemeinde St. Marien, zu deren Verantwortung die Allerheiligenkirche gehört, erfährt derzeit große Aufmerksamkeit für dieses Projekt. Acht Wochen nach der Eröffnung waren alle 630 Plätze per Vertrag belegt und finanziert.
Seit Eröffnung des Kolumbariums kommen Interessenten von nah und fern und informieren sich darüber. Erstaunt sind viele über das offene Angebot für Nichtchristen. Ist das nicht ein Begräbnisplatz, der besonders Frommen zugedacht werden kann? Ich bin erstaunt, dass ich ca 20% Nichtchristen angemeldet haben. Sie muten ihren Angehörigen zu, beim Grabbesuch eine Kir-

che betreten zu müssen. Aus diesem Grund ergab sich schon 3x eine Abmeldung der schon finanzierten Plätze. Manchmal ist es den Menschen zuwider, in einer Kirche an den Tod erinnert zu werden. Mehrheitlich aber sind alle froh über die Möglichkeit und entdecken dabei ihre religiöse Tiefensicht neu. Der Heilige Geist schien mir damals bei der Planung mit im Spiel zu sein, denn das Gelingen war ja wesentlich vom außerkirchlichen und innerkirchlichen Wohlwollen abhängig.

Konkrete Beispiele für Beisetzungsfeiern

A Gottesdienste für Christen

Die Gemeinde versammelt sich im Gottesdienstraum der Allerheiligenkirche. Die Urne steht im Ostensorium im Mittelgang.

1) Orgelspiel zum Einzug
2) Lied: 656, 1-5
3) Liturgische Begrüßung
4) Statio
5) Kyrie-Rufe

Z.: Herr Jesus Christus!
Durch deine Menschwerdung hast du uns Anteil gegeben am Leben Gottes:

Herr, erbarme dich!
A.: Herr, erbarme dich!

Z.: Durch deinen Tod hast du uns das Tor zum Leben geöffnet:
Christus, erbarme dich!
A.: Christus, erbarme dich!

Z.: Durch deine Auferstehung hast du uns die Hoffnung auf das ewige Leben geschenkt:
Herr, erbarme dich!
A.: Herr, erbarme dich!

Z.: Herr, Jesus Christus, wir bitten dich für unsere Schwester (für unseren Bruder) N.N., die (den) du aus dieser Zeit zu dir gerufen hast. Schenke ihr (ihm) Heimat bei dir, wo jeder Schmerz in Freude verwandelt ist. Lass sie (ihn) deine Stimme hören: Kommt, ihr Gesegneten meines Vaters, und nehmt das Reich in Besitz. Denn du bist gut und ein Freund der Menschen. Dir gebührt Ehre und Lobpreis in Ewigkeit.
A.: Amen.

6) Lesung

7) Musikstück

8) Meditationstext – Stille

9) Einladung zum Lobpreis

Z.: Herr, unser Gott, unsere Toten kehren heim zu dir. Wir aber bleiben mit ihnen verbunden; denn wir sind ein Leib in Christus und untereinander Glieder. Herr, wir preisen dich mit unseren Schwestern und Brüdern, die in seliger Freude bei dir leben.
Wir loben dich.
A.: Wir preisen dich.

Z.: Herr, wir preisen dich mit unseren Schwestern und Brüdern, die noch der Läuterung bedürfen; denn auch sie sind dein.
Wir loben dich.
A.: Wir preisen dich.

Z.: Herr, wir preisen dich, dass wir unseren Verstorbenen helfen dürfen; höre unser Gebet und erhöre unsere Bitten.
Wir loben dich.
A.: Wir preisen dich.

Z.: Herr, wir preisen dich auch um der Schmerzen und des Todes willen; denn unsere Trauer wandelst du in Freude, und durch dich wird der Tod zur Pforte des Lebens.
Wir loben dich.
A.: Wir preisen dich.

Z.: O Gott, lass uns in der Gemeinschaft mit denen, die du geheiligt hast, verbleiben und in dir die Vollendung finden. Durch Christus, unseren Herrn.
A.: Amen.

Z.: Wir wollen nun die Urne unserer Schwester (unseres Bruders) N.N. zur Grabstelle begleiten und uns trösten in der Hoffnung auf die Auferstehung.

Unter Glockenklang wird die Urne in das Kolumbarium begleitet. Dabei kann der Rosenkranz gebetet werden.

An der Grabstelle:
10) Gesang: Ich bin die Auferstehung und das Leben

Z.: Wir übergeben die Urne dem Kolumbarium. Christus, der von den Toten auferstanden ist, wird auch unsere Schwester (unseren Bruder) N.N. zum Leben auferwecken.

Das Grab wird mit Weihwasser gesegnet.
Z.: Im Wasser und im Heiligen Geist wurdest du getauft. Der Herr vollende an dir, was er in der Taufe begonnen hat.
Der Zelebrant bezeichnet das Grab mit dem Kreuz.
Z.: Im Kreuz unseres Herrn Jesus Christus ist Auferstehung und Heil. Der Friede sei mit dir.

11) Glaubensbekenntnis

Z.: Lasset uns beten.
Allmächtiger Gott, wir danken dir, dass du durch die Auferstehung deines Sohnes in dem Dunkel der Welt und des Todes dein Licht leuchten lässt. Gib uns die Kraft, in unserem Leben diesem Licht zu folgen, bis wir alle zu dir gelangen.
Darum bitten wir durch Christus, unseren Herrn.
A.: Amen.

Z.: Herr, gib ihr (ihm) die ewige Ruhe.
A.: Und das ewige Licht leuchte ihr (ihm).
Z.: Herr, lass sie (ihn) ruhen im Frieden.
A.: Amen.

12) GL 213 – Christ ist erstanden.

13) Orgelspiel

B Gottesdienst für Nichtchristen

Nach einem Gespräch mit den trauernden Angehörigen versammeln sich die Angehörigen im Gottesdienstraum der Allerheiligenkirche. Die Urne wurde in der Mitte des Gottesdienstraumes aufgestellt und geschmückt. Der Leiter der Trauerfeier ist im Anzug oder Talar anwesend.

1) Orgelmusik zur Eröffnung

2) Begrüßung der Trauergemeinde

V: Liebe Angehörige von ...., verehrte Trauergemeinde,

... ist gestorben, ein einmaliges und unverwechselbares Leben ist zu Ende gegangen. Es war ein Leben, das Spuren hinterlassen hat, weshalb wir auch heute hier sind, angesichts seines/ihres Todes.

Spuren sind die Worte und Taten, die anwesenden Verwandten (Kinder, Partner) und Freunde.

Spuren sind auch gelegt durch das Interesse, hier in einer Kirche bestattet zu werden. Ich deute diese Spur so: Gott und Kirche war dem/der Verstorbenen kein ferner Gedanke und keine ferne Realität, auch wenn im Laufe des Lebens niemals der Schritt auf ihn und die Kirche hin erfolgt ist.

So feiern wir heute keine christliche Bestattung, aber eine Feier in einer Kirche, in der der/die liebe Ver-

storbene seine/ihre letzte Ruhestätte finden wird und die zu einer katholischen Gemeinde gehört, der Dom- und Severigemeinde hier in Erfurt.
In dieser Feier werden die trauernden Angehörigen an den/die Verstorbene(n) denken und für das Leben danken. An Sie, liebe Angehörige und Freunde, richten sich Worte der Ermutigung und des Trostes. Und diese Worte sind gegründet in der christlichen Hoffnung auf ein Leben nach dem Tod.
Zunächst möchte ich Sie einladen, sich zu erheben, um an den Verstorbenen/die Verstorbene zu denken, sich sein/ihr Gesicht zu vergegenwärtigen, seine/ihre Stimme und vielleicht auch Worte, die in Erinnerung geblieben sind.

Stille –

3) Gebet
V: Lassen Sie mich nun ein Gebet sprechen, das ich stellvertretend sprechen möchte für alle, die sich Gott denken können und wie so viele Menschen in der Not zu ihm beten:

Gott, in deiner Hand liegt das Leben eines jeden Menschen.
Du kennst unser Innerstes und nimmst dich in Liebe jedes Menschen an, egal wohin sein Lebensweg ihn auch führen mag.

Deiner liebevollen Hand wollen wir heute auch N. empfehlen.
Sein/Ihr Lebensweg wurde ohne ein bewusstes Ja zu dir gestaltet, obwohl das Vertrauen in die Macht des Guten vorhanden war.
Wir wissen um deine Nähe zu allen Menschen. So strecke ihm/ihr nun deine Hand entgegen.
Uns aber stärke im Vertrauen, dass du für uns alle ein Gott des Lebens bist.
Darum bitten wir dich durch Christus, unseren Herrn. Amen.

4) Musik

5) Textlesung

A)
V: Wir hören nun einen Abschnitt aus der Bibel, der Heiligen Schrift.
Weis 11, 23-12,1:
Du hast mit allen Erbarmen, weil du alles vermagst, und siehst über die Sünden der Menschen hinweg, damit sie sich bekehren. Du liebst alles, was ist, und verabscheust nichts von allem, was du gemacht hast; denn hättest du etwas gehasst, so hättest du es nicht geschaffen. Wie könnte etwas ohne deinen Willen Bestand haben, oder wie könnte etwas erhalten bleiben, das nicht von dir ins Dasein gerufen wäre? Du

schonst alles, weil es dein Eigentum ist, Herr, du Freund des Lebens.
Denn in allem ist dein unvergänglicher Geist.

B)
V: Wir hören einen Text von Rainer Maria Rilke aus dem Buch „Weiße Fürstin“:
Sieh, so ist der Tod im Leben. Beides läuft so durcheinander, wie in einem Teppich die Fäden laufen ...
Wenn jemand stirbt, nicht das allein ist Tod.
Tod ist, wenn einer lebt und es nicht weiß.
Tod ist, wenn einer gar nicht sterben kann.
Vieles ist Tod; man kann es nicht begraben.
In uns ist täglich Sterben und Geburt.

C)
V: Wir hören einen Text von König Friedrich dem Großen:
Ich fühle nun, dass es mit meinem irdischen Leben bald aus sein wird. Da ich aber überzeugt bin, dass nichts, was einmal in der Natur existiert, wieder vernichtet werden kann, so weiß ich gewiss, dass der edlere Teil von mir darum nicht aufhören kann zu leben. Zwar werde ich wohl im künftigen Leben nicht König sein, aber desto besser: ich werde doch ein tätiges Leben führen und noch dazu ein mit weniger Undank verknüpftes.

D)

V: Wir hören einen Text des Nobelpreisträgers Wernher von Braun:

Die Wissenschaft hat herausgefunden, dass nichts spurlos verschwinden kann. Die Natur kennt keine Vernichtung, nur Umwandlung. Wenn nun Gott dieses fundamentale Prinzip gebraucht, wenn es um den kleinsten und unbedeutendsten Teil des Universums geht, ist es dann nicht ganz logisch, damit zu rechnen, dass er dieses Prinzip auch braucht, wenn es um das Meisterwerk seiner Schöpfungstätigkeit geht, nämlich um die Seele des Menschen. Das glaube ich, tut er.

E)

V: Wir hören einen Text von Wolfgang Amadeus Mozart, den er im 32. Lebensjahr schrieb:

Da der Tod der wahre Endzweck unseres Lebens ist, so habe ich mich seit ein paar Jahren mit diesem wahren, besten Freunde des Menschen so bekannt gemacht, dass sein Bild nicht alleine nichts Schreckendes für mich hat, sondern recht viel Beruhigendes und Tröstendes! – Und ich danke meinem Gott, dass er mir das Glück gegönnt hat, mir die Gelegenheit zu verschaffen, ihn als Schlüssel zu unserer wahren Glückseligkeit kennen zu lernen. Ich lege mich nie zu Bette, ohne zu bedenken, dass ich vielleicht (so jung als ich bin) den anderen Tag nicht mehr sehen werde.

F)
V: Wir hören einen Text von Luise Rinser aus dem Buch „Karwoche in Luzern“:
Man darf sich nicht umwenden, sich nicht nach dem Erdenleben sehnen, sich nicht an den Besitz klammern, nicht zurückkehren wollen. Man muss die Nabelschnur zerschneiden, man muss ja sagen zu der Verlassenheit. Auch die Hinterbliebenen dürfen den Wanderer nicht zurückhalten wollen. Ihre Trauer, wenn sie habgierig ist, wird ihm wie ein Lasso nachgeworfen und hindert ihn am Aufstieg.

G)
V: Wir hören einen Text von Karlfried Graf Dürkheim aus seinem Buch „Der Ruf nach dem Meister“:
Der Tod, der uns ständig begleitet und in jedem Augenblick bedroht, ist auch der ewige Erneuerer unserer Freude am Leben. Das heimliche Wissen um den Tod gibt dem Leben erst seinen Glanz. Über jedem Augenblick, den wir ohne Angst leben, liegt ein Schimmer von Glück, das wir ohne Begleiter Tod nie fühlten.

H)
V: Wir hören einen Text von Phil Bosmans aus seinem Buch „Ja zum Leben“:
Auch der reichste Mensch muss alles hinter sich lassen. Das einzige, was er mitnehmen kann, ist der

Reichtum seines Herzens, die Liebe, mit der er Menschen geliebt hat. Reichtum an Geld und Besitz macht häufig arm in menschlichen Beziehungen. Der Graben, der so viele trennt und zu Konkurrenten oder gar zu Feinden macht, ist der Graben zwischen Arm und Reich. ..

Reichtum des Herzens ist: ein Lächeln, ein Händedruck, eine freundliche Geste, ein fröhliches Wort. Das Einfachste wird zum Geschenk. Wer den Sinn für diesen Reichtum verliert, sucht Ersatz und wirft sich unersättlich auf tote Dinge. Bei seiner irrsinnigen Jagd nach immer mehr bleibt er todeinsam mit sich selbst, er ganz allein auf der unfruchtbaren Insel seiner selbst.

Der Tod hat uns viel zu sagen, vor allem wenn wir reich sind. Reichtum ist lebensgefährlich. Leicht ertrinkt im Reichtum die Menschlichkeit. Warum wird in unserer Zeit so ängstlich über den Tod geschwiegen? Wenn wir mehr an den Tod denken, lernen wir ruhiger und zufriedener leben.

6) Ansprache

7) Musik

8) Einladung zur Prozession

V.: Ich möchte Sie nun einladen, in Stille den letzten irdischen Weg des/der Verstorbenen zu begleiten.

Die Totenglocke wird dabei erklingen, die mit ihrer über 500-jährigen Geschichte von der Zeit und der Ewigkeit erzählt und die Freude auf das Leben bei Gott zum Ausdruck bringt.

9) Prozession zum Kolumbarium, dabei Glockengeläut

10) Am Kolumbarium:
V.: Wir stellen die sterblichen Überreste von Herrn/Frau ... in dieses Kolumbarium. „Des Menschen Leben ist wie Staub“ – so sagt die Bibel. Mehr als Staub ist jedoch unser Leben vor Gott. Wir sind „kostbar in den Augen Gottes“ – so sagt es ein anderes Bibelwort. Die Stelen des Kolumbariums erzählen vom Licht Gottes, in das alle Verstorbenen gestellt werden. Unser Gedenken an die Verstorbenen öffnet unseren Blick für die Fragen, was vom Leben bleibt. Wir ehren die Verstorbenen mit Blumen und Kerzen an ihrem Grab. Wir erzählen damit von unserer Hoffnung auf das Licht und auf das Paradies, das Gott für alle Menschen will und durch seinen Sohn Jesus Christus angeboten hat.
Als Christ dieser Gemeinde will ich mich nun an Gott, den Vater, wenden, der uns durch Jesus Christus, seinen Sohn, ein Gebet geschenkt hat. Wer es mitbeten möchte, ist dazu herzlich eingeladen:

11) Vater unser ...

10) Segensbitte

V.: Am Ende dieser Trauerfeier erbitte ich Gottes Segen für alle, die hier anwesend sind und in Dankbarkeit an den/die liebe(n) Verstorbene(n) gedacht haben:

Der Leiter der Trauerfeier breitetet seine Arme aus und betet:
Der Herr segne euch und behüte euch.
Er lasse sein Angesicht über euch leuchten
und sei euch gnädig.
Er wende euch sein Angesicht zu und schenke euch seinen Frieden.

11) Orgelmusik

... beim „Valentins-Gottesdienst“

Der Anlass und die ersten Schritte

Aus dem Ärger über den Valentins-Tag als „Tag der Verliebten“ und Geschäfterummel der Blumen-, Schokoladen- und Parfümgeschäfte erwuchs die Idee zu einem Segnungsgottesdienst „für alle, die partnerschaftlich unterwegs sind“ (Formulierung von Bischof Dr. Wanke, Erfurt). Es wurde dabei vermutet, dass der Valentins-Tag (14.2.) bei zahlreichen Paaren – ob Christen oder Nichtchristen – als willkommener Gedenktag der Liebe und Partnerschaft akzeptiert ist. Wenn jedoch ein Heiligengedenktag – unabhängig davon, ob eine eindeutige Zuordnung zu einem bestimmten Heiligen möglich ist – dazu den Anlass gibt, kann die Kirche nicht tatenlos daneben stehen. So wuchs allmählich der Gedanke, diesen Tag wieder in die kirchliche Tradition zurückzuführen, indem am Abend des 14.2. zu einem Segnungsgottesdienst eingeladen wurde, zu dem Christen und Nichtchristen eingeladen sind, über ihre Partnerschaft nachzudenken. Aufgrund guter und kreativer Kontakte zu einer evangelischen Schulpastorin wurde der Gottesdienst ökumenisch konzipiert und erhielt damit eine Weite, die auch für die Ökumene der Stadt hilfreich sein sollte. Der Ort des Gottesdienstes ist wechselweise in

einer katholischen und evangelischen Kirche. Die Verantwortlichen waren sich schnell darüber einig, dass es ein meditativ geprägter Gottesdienst sein muss. Meditativ sollte er durch Bildbetrachtung, persönliche Zeugnisse über Freude und Leid in der Ehe und durch Musik und Stille werden.
Den Gottesdienst feierten 2005 nun schon zum 6. Mal seit 2000 100-150 Personen mit. Die Atmosphäre war besinnlich und von großer Freude über das Geschenk der Liebe zwischen Menschen geprägt. Von den Mitfeiernden wurden besonders die persönlichen Zeugnisse der Paare als ermutigend und bereichernd empfunden. Wenn ein Seniorenehepaar davon spricht, dass es sich nun dafür entschieden hat, gemeinsam alt zu werden, dann ist das eine positive Annahme dieses Lebensabschnitts und eine Ermutigung für alle, die sich davor fürchten. Wenn ein jungverheiratetes Paar mit dabei anwesenden Drillingen von der großen Überraschung berichtet, die mit der Ankündigung dieser Mehrlingsgeburt selbstverständlich verbunden war, aber auch davon, dass ihnen Gott die Kraft gegeben hat, dazu Ja zu sagen und es dadurch besser geht, als man gedachte hatte, dann ist die Aussage verständlich, die ein Mitfeiernder machte: „Da hat man richtig Lust zum Heiraten und Kinderkriegen bekommen." Auch das Zeugnis der Eltern mit Kindern im Pubertätsalter war ermutigend für alle, die in dieser Lebensphase stehen, wo

es um Geduld und gegenseitige Ermutigung der Eltern geht.

Ein konkretes Beispiel

Ökumenischer Segnungsgottesdienst für alle, die partnerschaftlich unterwegs sind, am Valentinstag, den 14.2.2005, 20.00 Uhr, Lorenzkirche am Anger

Mitwirkende:
Evangelische Pastorin
Katholischer Pfarrer
Ehepaare
Organist
Weitere Musiker

19.55 Uhr: Ruhiges Orgelspiel

1) Einzug
(Einzug der Pfarrer in den Altarraum; die übrigen Mitwirkenden sitzen in den ersten Reihen)

2) Liturgische Begrüßung und Statio (Pastorin):
Valentinstagtradition: Freundschaft und Liebe;
Warum ist Partnerschaft für den Menschen wichtig?
Welche Gestalt hat menschliche Partnerschaft?

3) Gebet (Pfarrer)

Guter Vater im Himmel,
Schöpfer des Lebens und der zwischenmenschlichen Liebe, heute haben sich hier in der Lorenzkirche Menschen versammelt, denen das Thema „Liebe“ und „Partnerschaft“ wichtig ist.
Mancher kommt mit einem Hochgefühl und mancher auch mit Zweifeln und Enttäuschungen.
In allen Menschen lebt der Glaube an dauerhafte und beständige Liebe und Treue. Dieser Glaube lässt die Menschen auch nach Enttäuschung wieder beginnen. Und das ist gut so!
Wir danken dir heute besonders für die menschliche Fähigkeit, lieben zu können und auf den Mitmenschen zuzugehen. Im Schöpfungsgedicht wird dein Wort überliefert: „Es ist nicht gut, wenn der Mensch allein ist.“
Wir bitten dich heute für alle, die partnerschaftlich unterwegs sind, jung oder alt: Stärke sie im guten Willen, füreinander da zu sein. Richte alle Enttäuschten auf und schenke die nötige Kraft zur Versöhnung und zum Neuanfang.
Dich, den dreifaltigen Gott, den Gott der Liebe und des Friedens, loben wir, der uns als gute und bleibende Gemeinschaft begegnet, als Vater, Sohn und Heiliger Geist. Amen.

4) Bildbetrachtung:

Einladung zur Bildbetrachtung (Pastorin)
Musikstück
Bildbetrachtung (Pastorin)

5) Lied: Wo Menschen sich vergessen

6) Zeugnisse von Partnern
Die Paare berichten kurz über ihre partnerschaftliche Situation und erklären, warum ihnen Partnerschaft wichtig ist.

7) Lied: Die Liebe hört niemals auf

8) Lesung: 1 Kor 13, 1-11

9) Auslegung (Pfarrer):
Auslegung: Die Liebe Gottes ist in der konkreten Gestalt der Partnerschaft von Menschen erfahrbar. In 1 Kor 13 hören wir von der Bedeutung der Liebe für das Tun der Menschen.

10) Musikstück

11) Fürbitten (Pfarrer/Pastorin und Ehepaare) –
Fürbitten werden von Paaren selbst erarbeitet.
(Alle stehen in der Mitte am Mikrophon.)

Guter Vater im Himmel, du hast dem Menschen die Kraft und Fähigkeit zur Liebe gegeben. In diesem Gottesdienst haben wir gehört, wie kostbar und zerbrechlich die Liebe ist. Im Vertrauen auf deine Hilfe und Nähe bitten wir dich:

...

12) Einladung zum Vaterunser-Gebet (Pastorin)
(am Mikrophon in der Mitte)

13) Vater unser

14) Aaron-Segen für alle (Pfarrer/Pastorin)
Der Herr segne dich und behüte dich;
der Herr lasse sein Angesicht über dir leuchten
und sei dir gnädig;
der Herr erhebe sein Angesicht auf dich
und schenke dir Frieden. Amen.

15) Einladung zur Segnung (Pfarrer)
Die Liebe Gottes ist in der Bibel immer dort erkennbar, wo vom Segen Gottes die Rede ist. Wer die Liebe weitergeben soll, muss sie selbst erspürt haben. Darum sind jetzt alle Paare eingeladen, hier vorn durch die anwesenden Pfarrer (und Ehepaare) den Segen persönlich zu empfangen. Er soll eine Bitte an Gott um das Gelingen der Partnerschaft sein.
Mit der Segnung endet der Gottesdienst. Zu einer

Begegnung im Gemeindesaal sind alle herzlich eingeladen. Die Kunstpostkarte können Sie mitnehmen und evtl. darauf Ihrem Partner/Ihrer Partnerin einen Valentins-Gruß schreiben.

16) Segnung
(Bei der Segnung ruhiges Orgelspiel oder andere Musik) Anschl.:

17) Begegnung im Gemeindehaus von St. Lorenz

... für Kranke und ihre Helfer

Der Anlass und der Weg

Das Thema Krankheit wird an vielen Punkten der Gesellschaft diskutiert. Sowohl Ärzte als auch Politiker und Betroffene fragen danach, wie es in der Zukunft weitergehen soll. Dabei ist zuerst an die Finanzierbarkeit der Krankheit gedacht, wenn auch von der Finanzierbarkeit der Gesundheit gesprochen wird. Allzu selten spielt – nach meiner Erfahrung und meinem Eindruck – die menschliche Person eine Rolle, die direkt von der Krankheit betroffen ist oder der sich um Kranke sorgt und sie pflegt.

Der christliche Glaube gibt uns einen weiteren Horizont in dieser Frage. Wir hören von der bewussten Zuwendung Jesu an die Kranken und von seiner Aufforderung, den Schwachen und Armen zu helfen. „Was ihr für einem meiner geringsten Brüder (und Schwestern) getan habt, das habt ihr mir getan" (Mt 25, 40).

Die Zwillingsbrüder Kosmas und Damian gelten in der Tradition der Kirche als Patrone der Ärzte, da sie selbst in Syrien am Beginn des 4. Jahrhunderts als Ärzte tätig gewesen sein sollen und Patienten unentgeltlich versorgten. Bei der Behandlung von nichtchristlichen Patienten konnten sie auch manche zum Glauben an Jesus Christus führen. In der Zeit der Christenverfolgungen unter Kaiser Diokletian wurden beide um das Jahr 305 verhaftet und verhört. Nach brutaler Folterung wurden sie enthauptet. Der Termin für diese neue Gottesdienstform soll in der Nähe ihres Gedenktages – dem 27. September – liegen.

Der Gottesdienst wendet sich besonders an Menschen, die bisher noch keine Gelegenheit gefunden haben, von der besonderen Sorge Gottes um den kranken Menschen etwas zu erfahren und die deshalb auch darin noch keine Ermutigung finden konnten. In diesem Segnungsgottesdienst werden Zeichen, Gesten und Texte verwendet, die von der christlichen Deutung des Leidens, Krankseins und der persönlichen Not Zeugnis geben. Handauflegung

und Segen, das Zeichen des Schutzengels, biblische Texte, die von Krankheit und Heilung erzählen, und Zeugnisse von Kranken und ihren Helfern bilden die Elemente des Gottesdienstes.
Diakone sind eingeladen, bei diesem Gottesdienst im Gebet und beim Segnen mitzuhelfen, da es zu ihrer besonderen Berufung gehört, den Kranken beizustehen und damit die Liebe Christi zu den Kranken zum Ausdruck zu bringen. Seit September 2006 wird der Gottesdienst in jedem Jahr in der Nähe des Tages der heiligen Kosmas und Damian im Erfurter Dom gefeiert.

Ein konkretes Beispiel
Kosmas-und-Damian-Gottesdienst
Segnungsgottesdienst für Kranke und ihre Helfer
im Langhaus des Erfurter Domes
an einem Samstag um den 26.9., 14.30 Uhr

Vorbereitung:
Gemälde von Kosmas und Damian auf einer Staffelei an der Altarinsel
Kerzenständer und Kerzen davor
Ärztliche Betreuer

1) Orgelspiel (ruhig, festlich, ermutigend)

2) Begrüßung und Vorstellung der Mitwirkenden (Pfarrer)

3) Gebet (Diakon)

4) Biblische Lesung (Diakon): z. B. Lk 5, 12-16 (Heilung des Aussätzigen)

5) Musikstück

6) Ansprache mit Bildbetrachtung (Pfarrer)

7) Lied: Bewahre uns, Gott, behüte uns, Gott

8) Zeugnisse von Kranken und ihren Betreuern:
(ca. 3)
(Einleitung Pfarrer)

9) Austeilen von Papierengeln, die im Kindergarten hergestellt wurden und an den Schutz und Segen Gottes erinnern sollen. Während des Austeilens: Orgelmusik

10) Psalmgebet im Wechsel: Ps 91 – Unter dem Schutz des Höchsten (Pfarrer)

11) Musik

12) Einleitung zu den Bitten (Pfarrer)

Bitten beim Anzünden der Kerzen vor dem Bild von Kosmas und Damian
(Diese Kerze entzünde ich für ...)

13) Bitten (Diakone)

dabei: Herr, erbarme dich; Christus, erbarme dich (GL 358/3)

14) Einleitung des Vaterunsers (Pfarrer)

15) Vaterunser

16) Lied: Komm, Herr, segne uns

17) Segensgebet über alle Anwesenden

(Zelebranten)
(mit erhobenen Händen sprechen alle gemeinsam und machen das Kreuzzeichen)

Der Herr segne euch und behüte euch.
Der Herr lasse leuchten sein Angesicht über euch und sei euch gnädig.
Der Herr erhebe sein Angesicht auf euch und gebe euch Frieden.
Es segne und behüte euch der allmächtige und barmherzige Gott,
+ der Vater, der Sohn und der Heilige Geist. Amen.

18) Einladung zur persönlichen Segnung der Kranken und ihrer Helfer
(Gebet mit ausgebreiteten Händen und Handauflegung)

19) Während der Segnung: Musikstück

20) Danach: Orgelmusik

... beim „Grundkurs Religion/Christentum"

Religionsunterricht als Einstieg in das Christsein

1992 wurde in Erfurt eine Schule in bischöflicher Trägerschaft gegründet. Bei einem Bevölkerungsanteil der Katholiken in Erfurt von 8,5 % war es ein gewagtes Unternehmen. Werden sich genügend Schüler anmelden? Werden sich geeignete Lehrer finden? Nach 14 Jahren kann man sagen: Es war die richtige Entscheidung und es war die richtige Konzeption, die für die Schule grundgelegt wurde: Eine Schule, in der 70 % katholische Kinder mit 15 % evangelischen und 15 % ungetauften Kindern leben und lernen und um

die Fragen des Lebens gemeinsam ringen – als Christen und Nichtchristen.
Sarah ging 1992 und 1993 als ungetauftes Kind in den „Grundkurs Religion und Christentum“, wo Schüler ohne konfessionelle Bindung auf den regulären Religionsunterricht ab der 7. Klasse vorbereitet wurden. Nach einem Jahr kam sie zum Pfarrer, der den Unterricht hielt, und sagte: „Herr Pfarrer, ich möchte gern getauft werden.“ Der Pfarrer erklärte, dass sicherlich deshalb erst ein Gespräch mit den Eltern nötig ist. Beim Elterngespräch zeigte sich, dass die Eltern für die Bitte der Tochter großes Verständnis haben, denn sie selbst haben ebenfalls schon seit Jahren überlegt, ob sie sich nicht taufen lassen sollen. Auch der jüngste Sohn hat über katholische Freunde den Glauben kennen gelernt und möchte nun „wie seine Freunde sein“. Die größere Tochter Franziska steht dem Ansinnen der Familie zunächst distanziert gegenüber. Bei den wöchentlichen Katechesen in der Familie hört sie jedoch interessiert zu und entschließt sich nach einigen Monaten ebenfalls zur Taufe. Heute studiert sie in Frankfurt katholische Theologie und beabsichtigt eine Promotion. Die Verwandtschaft der Familie ist zumindest verwundert und auch bisweilen empört. Schmerzlich ist dann für alle Taufbewerber, dass die eigenen Verwandten an der Tauffeier in der Osternacht nicht teilnehmen. Neue Freundschaften und Beziehungen innerhalb der

christlichen Gemeinde müssen aufgebaut werden. Gute Paten helfen tatkräftig dabei mit.
Was hat zu diesem Entschluss bewogen? Auslöser war die lebensbedrohliche Krankheit von Sarah mit 5 Jahren. Die Eltern erlebten die Anteilnahme christlicher Erzieher im Kindergarten, in den Sarah ging. „Wir beten für Sarah!“ – sagten die Kindergärtnerinnen zur Mutter. „Wir spürten, dass diese Frauen etwas haben, was wir nicht kennen und ihnen Mut macht, in der Not nicht zu verzweifeln“ – sagte der Vater. „Das hat uns neugierig gemacht.“ Aber die Kontaktaufnahme zu einer Pfarrgemeinde oder einem Pfarrer war noch nicht gelungen. Durch die Tochter Sarah war eine Brücke zu dieser „neuen Welt des Glaubens“ geschlagen worden, über die nun die ganze Familie gehen konnte.
Der Impuls für das Christwerden oder die Bitte um Aufnahme in eine christliche Gemeinde kam in diesem Fall durch das Erleben einer konkreten Pfarrgemeinde, die sich um Fernstehende und Suchende sorgt, und durch den Wunsch nach Gemeinsamkeit in der Konfession. Das Kennen eines konkreten Seelsorgers durch den Religionsunterricht in der Schule und in diesem Fall durch den Religionsunterricht für Ungetaufte ermöglichte den Schritt auf den Seelsorger zu, der den Impuls zu einem konkreten Ziel – zur Eingliederung in eine Pfarrgemeinde – ermöglichen kann.

Das Konzept des Religionsunterrichts für Ungetaufte

Der Unterrichtsstoff im Grundkurs Religion und Christentum orientiert sich im Wesentlichen am Stoff der 5. und 6. Klasse im Fach Religion beider Konfessionen. Die christlichen Glaubensaussagen werden anhand des Kirchenjahres kennen gelernt. In der 5. Klasse ist es eine Erstinformation über die Inhalte des Glaubensbekenntnisses und in der 6. Klasse eine Vertiefung des Wissens über die Glaubensaussagen, indem diese auf ihre geschichtliche Entwicklung und Bedeutung hinterfragt werden. Wurde z.B. in der 5. Klasse der Inhalt des Weihnachtsfestes anhand der biblischen Texte des Evangelisten Lukas und Matthäus vermittelt, so kam es in der 6. Klasse zur Untersuchung der Frage, warum das Weihnachtsfest eingeführt wurde. Über die Glaubensaussagen gibt es einen ersten Kontakt mit der Bibel. In einem groben Überblick werden die wichtigsten Gestalten des Alten und Neuen Testaments vorgestellt, um die religiöse Dimension von Verheißung und Erfüllung darstellen zu können, auf deren Grundlage die Gemeinsamkeiten und die Unterschiede zwischen Judentum und Christentum verständlich gemacht werden können. Der Umgang mit der Bibel wird geübt, d.h. das Erkennen einer Schriftstelle anhand der Abkürzungen. Daneben ergeben sich vielfach Gespräche, die auch die Sinnfrage berühren. Dabei ist einerseits oftmals zu spüren, dass diese Frage für die Schülerinnen und Schüler durch die Eltern beantwortet wurde, d.h. ein außerweltlicher Sinn abgelehnt wird. Anderseits gibt es aber auch Augenblicke, wo Nachdenklichkeit aufkommt, z.B. bei der Frage nach dem Motiv für das Sterben Christi am Kreuz. Die Antwort: „Aus Liebe zu den Menschen – um die Menschen zu erlösen“ ist schwer zu verstehen, aber eröffnet auch eine Dimension, die bisher unbekannt war. Der Begriff „Opfer“ oder „Sühne“ kommt z.B. bei einem Kreuzweg vor, den die Schüler anhand von Dias vorgestellt bekommen. Die Worte erscheinen im Untertitel der Kreuzwegstation und müssen nun erklärt werden. Da es sich um zentrale Begriffe handelt, können sie auch nicht ausgespart werden. Die Inhalte des Christentums, die gelernt werden müssen und geprüft werden, sind wie ein Schlüssel, der in der Hand liegt, der zur Neugierde reizt und die Möglichkeit schafft, die Tür zu Glauben und Kirche zu finden und sie zu öffnen. Die Tatsache, dass immer wieder einige Schülerinnen und Schüler den Weg zur Taufe gegangen sind, beweist, dass der Grundkurs hilfreich ist für Menschen, die nach dem Sinn des Lebens fragen – oft sehr leise und bescheiden.

Problematisches

Die Schülerinnen und Schüler sollen vorrangig die Inhalte des Christentums kennen lernen. Die Frage nach der Glaubenspraxis ist vom Unterrichtsziel her gesehen sekundär. Dass sie aber seitens der Schülerinnen und Schüler gestellt wird, weist auf die besondere Bedeutung des Religionsunterrichtes hin. Hier ist der Lehrer gefragt, der nicht nur Wissen vermittelt, sondern auch mit seiner Person hinter dem steht, was er sagt, d.h. der auch mit seinem Leben aus dem Glauben und in der Kirche dahinter steht. Nur dann kann er glaubwürdig manche Fragen beantworten, die an der Grenze zwischen Wissen und Glauben liegen.

Resümee

Ich sehe im Projekt des Grundkurses eine Chance für die christlichen Kirchen in der Diaspora und auch für die Kirche, die erkennen muss, dass das Wissen und Glauben im Schwinden ist. Die Chance besteht darin, dass von Glaubenszeugen Wissen an junge Menschen weitergegeben werden kann, die bisher keine Gelegenheit zur Beschäftigung mit christlichen Werten hatten. Weiterhin sehe ich darin eine Chance für die Glaubenszeugen – d.h. die Religionslehrer-, ihren

Glauben neu zu reflektieren und in eine Sprache umzusetzen, die ein junger Mensch heute verstehen kann. Für mich ist der Grundkurs ein Bereich der Seelsorge, wo die Schwelle zur Kirche durch nominell Ungläubige schon einerseits überschritten wurde, aber andererseits der Mut zum Eintritt in das Allerheiligste noch fehlt. Wir müssen dieses Vorfeld stärker in den Blick nehmen, wenn wir Wegbereiter für den Glauben sein wollen.

Mancher, der von diesem Grundkurs hört, fragt danach, ob sich der Aufwand lohnt. Müssen wir auch für die Ungetauften die Plätze in den katholischen Schulen belegen lassen? Hätte man sie nicht lieber für die katholisch Getauften frei halten müssen? Gerade dann, wenn viele Anmeldungen und Bewerbungen für Plätze in der Schule sind, wird das zu einer bedrängenden Frage. Weil ich hier jedoch eine Chance für das Wirken des Gottesgeistes sehe, wenn im Unterricht das Verständnis für Religion geweckt wird; wenn deutlich wird, dass zwischen dem Glaubenden und Nichtglaubenden oft nur ein kleiner Schritt ist; wenn Fragen nach Gott dort gestellt werden, wo niemals das Wort gebraucht wurde, dann ist für mich das Wirken des Gottesgeistes erkennbar.

… über die Schwelle gegangen

Der Katechumenat

Die Statistik und das Leben

Die Statistik der Bistümer in Deutschland gibt an, dass im Jahr 2005 insgesamt 196.371 Taufen gespendet wurden, wobei 13,6% der Täuflinge über 3 Jahre alt waren, d.h. 26.707. Eine genaue Angabe über die Zahl der Erwachsenentaufen findet sich in der Statistik nicht. In unserem Bistum waren es im Jahr 2005 65 Erwachsene. 2007 nahmen 21 Erwachsene (ca. 25%) an der „Feier der Einschreibung“ am Samstag vor dem 1. Fastensonntag im Dom teil, wo sie dem Bischof vorgestellt wurden und ihren Weg zum Christsein dokumentierten. Drei Erwachsene beschrieben sehr beeindruckend, wie verschlungen der Weg gewesen ist und wie froh sie nun sind, am Ziel angekommen zu sein. Wenn es auch immer noch vorkommt, dass Erwachsene ohne große Kenntnisnahme ihrer Pfarrgemeinde an einem Samstagvormittag durch Taufe, Firmung und Eucharistie in die Kirche aufgenommen werden, so hat sich doch schon der Gedanke durchgesetzt, dass diese mehr oder weniger heimliche Weise gut begründet werden muss und nicht als der Normalweg bezeichnet werden kann.

Der jahrelange Weg mit Taufbewerbern hat mich in der Ansicht bestärkt, dass diese offizielle und öffentliche Form in den verschiedenen Schritten der einzig richtige und pastoral kluge Weg ist, der sowohl für die Taufbewerber als auch für die Gemeinden hilfreich sein kann. Beide Seiten erkennen die Kostbarkeit des Glaubens neu oder zum erstenmal. Die Taufbewerber finden einen Standort in der Gemeinde und werden wahrgenommen. Die Gebete, die besonders in der Fastenzeit für Katechumene gesprochen werden, erhalten ein konkretes Gesicht.
Was hat aber dieser katechumenale Weg mit der Barmherzigkeit und dem Vertrauen gegen alle Vernunft zu tun? Ich denke, dass der seelsorgliche Antrieb zur Arbeit mit Taufbewerbern auch aus dem Gedanken kommt, dass sich Gott des konkreten Taufbewerbers erbarmt hat und daraufhin Glaube möglich geworden ist. Wenn Glaube ein Geschenk ist, für das ich mich öffnen muss und das ich nicht machen kann, dann braucht es neben dem Geber des Geschenks auch den Empfänger, der dieses Erbarmen Gottes annimmt. Oftmals sind die Taufbewerber über viele Jahre hin mit ihren katholischen Ehepartnern oder Freunden in die Kirche gegangen und hatten keinen Gedanken daran, sich einmal taufen zu lassen. Irgendwann aber erkannten sie dann doch die Sinnhaftigkeit des Glaubens, haben sich darauf eingelassen und sind dadurch froh geworden, so dass der

Entschluss zur Taufe und zur Aufnahme in die Kirche wachsen konnte. Sie werden es oftmals kaum selbst konkret benennen können, was sie bewogen hat. Vielleicht war es ein sehr persönliches Erlebnis, das das menschliche Leben an eine Grenze brachte – eine schöne oder traurige – und das dann Anlass und Antrieb war, die weiteren Schritte des Katechumenats zu gehen.

Das Zeugnis

Der St. Benno-Verlag Leipzig veröffentlichte 2004 von Sylvia Wolff das Buch „Ankunft im Leben“[15], in dem der Weg einer Historikerin, eines Dachdeckers, der schon 11 Jahre im Gefängnis sitzt, einer Sozialpädagogin, einer Cellistin, eines Internisten, einer kaufmännischen Angestellten, eines Polizeibeamten, einer Wohnungsverwalterin, eines Werkzeugmachers und eines Lehramtsstudenten zum Christsein beschrieben wird. Da ich selbst den Weg der Cellistin begleiten konnte, sind diese Berichte für mich sehr lebensnah und real. Aus ihrem Leben berichtet sie in diesem Buch folgende Tatsachen:

Claudia, 45 Jahre, Cellistin, verheiratet, zwei Söhne[16]
Die Eltern waren evangelisch und traten nach dem Krieg aus der Kirche aus, weil die Bundeswehr ein-

geführt wurde und die Kirche nichts dagegen tat. Der Hass gegenüber der Kirche übertrug sich auf die Tochter. In der Klasse war sie die einzige Ungetaufte, aber die Eltern hatten ihr klar gemacht, dass das etwas Besonderes sei. Sie hatte gelernt, auf naturwissenschaftliche Erkenntnisse zu bauen.

Da die Eltern einen tiefen Zugang zur Musik hatten, wurde auch die Tochter recht früh an die Musik herangeführt. Mit zehn Jahren begann ihre Cello-Ausbildung. Mit 12 Jahren war der Entschluss gefasst: Sie wollte Cellistin werden. Da sie auch bei Gottesdiensten mitwirkte, wuchs ihr Interesse an dem, was da gesagt wurde. Aber eigentlich lehnte sie alles ab, was mit Kirche zu tun hatte. Die Natur war neben der Musik ein wichtiges Medium zur Entfaltung ihrer Person. Sie war von Albert Schweitzer und Mahadma Gandhi begeistert. Als sie ihren katholischen Mann kennen lernte, entschieden sie sich für ein religiöses Leben ohne Kirche. Später trat ihr Mann aus der Kirche aus, und die beiden Kinder wurden nicht getauft. Sie sollten religiös erzogen werden – aber ohne Kirche.

1988 starb ihr Vater. Sie begleitete sein langsames Sterben. Sie sagte: „Als er starb, sah ich, wie Energie aus seinem Mund kam ... wie so ein Licht. Ich war völlig fasziniert. Traurig war ich nicht in dem Moment. Ich war nur ergriffen.“[17]

Der Tod brachte eine Sprachlosigkeit in die Familie.

Bei der Trauerfeier sollte niemand sprechen, so dass Claudia mit ihrem Instrument die Ansprache halten wollte. Auch hatten alle Freundinnen und Freunde Angst vor dem Thema Tod. Sie sagte: „Ich verstand, warum sie nicht sprechen konnten, aber trotzdem wollte ich reden. Ich schluckte alles in mich hinein und merkte, dass ich vollkommen allein war mit diesem Problem. Da dachte ich, dass es nicht richtig ist, wie die Menschen sich zum Tod verhalten. Warum diese Angst? Es ist bequem, Angst zu haben, zu verdrängen. Dabei trifft der Tod doch jeden von uns.“[18]

1995 zog die Familie aus beruflichen Gründen des Vaters nach Erfurt. Die beiden Söhne gingen auf das evangelische Rats-Gymnasium. Claudia S. las Gandhi und spürte der Frage nach, was diesen Menschen so froh gemacht hat. In Erfurt erlebte sie eine neue Umgebung, in der die Mehrzahl so war wie sie: ungetauft. Sie erkannte aber auch, was es bedeuten kann, wenn der Glaube nicht mehr das Leben einer Gesellschaft prägt. Als der erste Sohn in der 8. Klasse war, lasen die Eltern vom Angebot der „Feier der Lebenswende“ für ungetaufte Jugendliche. Die Feier endete mit einem Segen, was Claudia S. sehr bewegte. Sie entschloss sich, den Kontakt zu einem Pfarrer zu suchen. Sie kam in die Katechumenatsgruppe und berichtete:

„Wir trafen uns, lasen Texte aus den Evangelien, die jeweilige Lesung dazu und sprachen darüber. Jeder konnte sich äußern. Mit welchen Menschen kann man

über wirklich wichtige Lebensfragen sprechen? Hier in diesem Katechumenenkreis merkte ich plötzlich: ‚Ich kann über alles reden.' Da fingen Einzelne an, wenn ein bestimmtes Problem erörtert wurde, von sich zu erzählen, ohne Angst zu haben, zuviel von sich preiszugeben ... Endlich konnte ich über die Wurzeln meiner Kindheit sprechen, auch über den Tod."[19]
Ostern 2001 ließ sich Claudia S. taufen. Ein Jahr vorher war ihr Mann wieder in die Kirche eingetreten. Sie sagte: „Die Taufe war für mich noch einmal wie ein Schritt in ein ‚neues Leben'." 6 Monate später erfuhr Claudia S. von ihrer Krebserkrankung. Sie vertraute sich dem Pfarrer an und bat um die Krankensalbung. Sie spürte die Kraft des Sakraments und ging in einem großen Vertrauen in die OP. Vor der OP betete sie: „Gott! Ich gebe mein Leben jetzt in deine Hand. Wie du es bestimmst, so soll es sein!" Weiter sagte sie: „Dieses Abgeben-Können war eine ganz neue Erfahrung für mich ... Wenn für mich gebetet wurde oder der Pfarrer seine Hände auf meinen Kopf legte und segnete, spürte ich immer diese Kraft, die sagte: ‚Du kannst Vertrauen haben! Du kannst Zutrauen haben!' ich spürte, ich kann meine Probleme an Gott abgeben."[20] Alles verlief gut. Es gab keine weiteren Befunde nach der OP.
Später baute Claudia S. ein Kinderorchester auf und engagierte sich in der Hospizbewegung. Heute ist sie Dozentin in Ravensburg und unterrichtet 42 Cello-

Schüler. Als Resümee ihres Weges sagt Claudia S.: „Durch die Taufe habe ich Vertrauen gewonnen. Vertrauen zu Gott und dadurch zu mir selbst. So ist in mir eine riesige Kraft frei geworden. ... Jetzt erfahre ich die den Ritualen innewohnende Kraft für mich. Ich kann zur Ruhe kommen, mich besinnen, Kraft tanken ... Wenn ich heute eine schwierige Situation bewältigen muss oder eine Entscheidung ansteht, dann ziehe ich mich zurück und suche Kraft in einer Andacht, einem Gebet. Ich danke immer erst, und dann frage ich und bleibe ganz ruhig sitzen. Das hat mir geholfen, Kraft zu schöpfen. Ich empfinde diese Kraft wie einen Strahl. Plötzlich spüre ich den inneren Fluss wieder stärker, wie wenn mein Körper warm durchblutet wird. ... In solchen Augenblicken spüre ich dann Gottes Wärme und Liebe wieder stärker."[21] Diese Worte und dieses Zeugnis beeindrucken mich tief. Ich erkenne, wie Gott seine Wunder auch heute wirkt. Der Glaube an seine Macht und Kraft hat die Kirche seit frühester Zeit bewogen, einen Weg vorzugeben, auf dem der Glaube wachsen und sich artikulieren kann.

Katechumenat aktuell

Drei Frauen und ein Mann sind derzeit bei mir in der Katechumenatsgruppe als Taufbewerber und ein Mann will sich auf den Empfang des Firmsakraments vorbereiten, da er bei seiner Taufe nicht gefirmt wurde. Zwei weitere Frauen sind kürzlich dazu gekommen, um sich über den Glauben zu informieren. Sie werden in das laufende Geschehen wie selbstverständlich hineingenommen. Die Vorsitzende des PGR kommt dazu, soweit es ihre Zeit erlaubt. Dadurch wurde sie auch schon als Taufpatin interessant und gewonnen. Auch Jugendliche aus einer Jugendgruppe, die das Nightfever organisiert, kommen dazu. Hier haben sich gleichfalls gute Kontakte ergeben, und auch persönliches Engagement ist entstanden. Die Taufbewerber kommen vielfach aus dem Bereich künftiger Akademiker, die nach mehr verlangen, als ihnen das Leben bisher gegeben hat. Sie haben sich über www.katechumenat.de schon über den Weg zur Taufe informiert und den dort angegebenen Kontakt genutzt. Die Fragen, die auf den Nägeln brennen, betreffen das ewige Glück und die Vergebung der Schuld. Man muss genau hinschauen, um nicht falsche Vorstellungen zu bestärken. Oft liegt Glaube und Aberglaube eng beieinander. Wichtig ist die Atmosphäre des Vertrauens. Wenn diese gegeben ist, wird die Gemeinschaft existenziell. Hier werden dann auch Fragen des eigenen Lebens in der großen Gruppe oder privat nach der Zusammenkunft vor dem Haus besprochen. Spannend war die Zeit, in der sich ein Jugendlicher auf die Taufe vorbereitete, der beim Attentat im Gutenberg-Gymnasium am 26.4.2002 dabei war. Er erzählte, dass ihn an diesem Tag eine innere Stimme dazu bewogen hat, die Etage zu verlassen, auf der das Attentat stattfand. Niemals zuvor hatte er das getan. Nun ging er eine Etage tiefer und dann fielen die Schüsse. Das bewog ihn, nach dem Sinn dieser inneren Stimme zu fragen. Seine evangelische Großmutter schickte ihn dann zu mir, und er begann den Weg im Katechumenat. Heute studiert er Politikwissenschaft und engagiert sich in der Jungen Union. Ein anderer Neugetaufter hat jetzt Freude an den Pfadfindern gefunden und engagiert sich in der Leitung der Pfadfindergruppe. Wieder andere finden Kontakt im Kirchenchor oder über ihre katholischen Partner in einem Familienkreis. Kirche wächst ganz unmerklich und verändert sich. Menschen kommen hinzu, die neue Fragen stellen und die man mit dem Traditionsargument nicht unbedingt überzeugen kann. Wenn die äußere Form einer Feier schon 300 Jahre alt ist, dann wird das zwar mit Respekt gehört, aber auch hinterfragt, was es bedeutet und wie man eventuell diese Bedeutung mit anderen Zeichen ausdrücken kann. Die Integration in die Gemeinde ist wohl immer die schwierigste Aufgabe im Katechumenat,

aber sie ist für mich auch der Testfall, ob Gemeinde veränderbar und veränderungswillig ist. Hier zeigt sich das wahre Gesicht einer Gemeinde. Hier zeigt sich, ob sie dem Heiligen Geist eine Chance gibt.
Die derzeitigen Katechumenen verblüffen mich jede Woche durch ihre Aufmerksamkeit und Offenheit. So wach, wie sie bei diesen abendlichen Runden sind, sind die Christen nicht, die ich in den Familienkreisen oder bei kirchlichen Veranstaltungen treffe. Herr Hilpert arbeitet mit Jugendlichen, die keinen Schulabschluss haben. 20% der Jugendlichen schaffen den Abschluss und werden in eine Berufsausbildung geführt. Herr Ott arbeitet mit behinderten Jugendlichen. Zwei Frauen studieren Philosophie und wollen durch den Glauben zu einer tieferen Antwort auf die Fragen des Lebens kommen. Ich habe zum Impuls dieser jungen Menschen nichts tun können. Manchmal ist es die katholische Freundin oder der katholische Freund, der zum Nachdenken über den Glauben anregt. Manchmal ist es eine existenzielle Lebensfrage. Hier ist für mich der Geist Gottes am Werk, der die Herzen aufschließt und Mut zum Anrufen oder Absenden der Kontakt-email gibt. Es besteht für uns die Aufgabe, diese Menschen in eine Kirche einzufügen, die oftmals im Guten verhärtet ist und in der alles gut läuft und nur ungern Veränderungen angenommen werden. Beim Katholikentag in Osnabrück konnte ich bei einem Forum erfahren, welche Verän-

derungen in der Kirche legitim und notwendig sind und wie doch schon durch das II. Vatikanische Konzil angeregt worden war, die Türen und Tore der Kirche weit aufzumachen. Bei diesem Forum wurde u.a. von Projekten in Deutschland berichtet, durch die Menschen außerhalb der Kirche mit den Schätzen der Kirche in Kontakt gebracht werden. Dabei ging es nicht um die Kirchenschätze aus Gold und Silber, sondern um die Adventstradition, um ungetaufte Jugendliche der 8. Klasse, die sonst zur Jugendweihe gegangen wären und nun zusammen mit einem Pfarrer in einer Kirche ihre Lebenswende zum Erwachsenwerden feiern. Beeindruckt hat mich der Vortrag eines Philosophie-Professors aus Erfurt, der u.a. davon sprach, dass das Wort Jesu vom Salz der Erde ja bedeutet: Geht hinaus mit eurem Salz und würzt die Welt, denn Salz auf einem Haufen bringt keine Wirkung. Zum Salz gehört auch das, was gesalzen werden soll, um schmackhafter zu werden. Kirche ist also auf keinen Fall für sich selbst da, sondern für die anderen. Und auch das Gleichnis Jesu vom verlorenen Schaf, um dessentwillen 99 zurückgelassen werden, macht deutlich: Es geht um die anderen, die außen sind, die verloren sind und denen man das Leben bereichern könnte, wenn sie das Evangelium kennen lernen. Die Kirche ist ein Mysterium, ein Geheimnis Gottes zum Heil für die Welt und nicht zum Heil für uns selbst. Die Selbstheiligung erfolgt dann, wenn wir die Kirche für die Welt nutzbar machen. Das ist die ureigenste Aufgabe der Kirche: Heil für die Welt zu sein.

... vom Kirchenraum berührt

Auch andere Schnittstellen des Lebens, die in verschiedenen Ritualien und Werkbüchern[22] genannt werden, legen den Gedanken nahe, Nichtglaubende in die Segensfeier bewusst einzubeziehen, um ihnen die Erfahrung des Segens zu vermitteln, der die rationale Dimension überschreitet und damit das Bedürfnis nach Transzendenz, das jedem gesunden Menschengeist innewohnt, erfüllt.
Folgende Beispiele dazu finden sich im „Buch der Anliegen“, das seit mehreren Jahren im Erfurter Dom für die Besucher ausliegt:
„Ich glaube nicht an Gott, aber die alten Bauwerke, Steinmetzarbeiten und Malereien beeindrucken mich immer wieder.“
„Wenn mich auch Gott nicht überzeugen konnte, ist dieser Dom trotzdem ein wunderschöner Platz.“
„Ich weiß zwar, daß es dich nicht gibt, Gott, aber ich finde den Dom trotzdem nicht schlecht.“
„Nach langer Zeit, die ich in Erfurt verbrachte, soll ich nun nach Leipzig ziehen. Es fällt mir schwer, da meine beste Freundin hier wohnt. Aber ich kann nichts daran ändern. Bitte hilf uns, dass diese außergewöhnliche Freundschaft auf ewig erhalten bleibt! Ich weiß, dass ich nicht immer die Bravste war und nicht immer

an dich geglaubt habe, aber bei dem, was da draußen passiert, ist das schwer ... Danke, Linda."
„Ich bedanke mich für die herrliche Orgelmusik und den meditativen Raum in dieser wunderschönen Kirche."
Das „Buch der Anliegen" liegt in der Nähe einer mittelalterlichen Pieta, vor der viele Besucher Kerzen anzünden. Die Atmosphäre an diesem Ort des Gebetes und der Stille regt so manchen Besucher – auch den, der nicht glaubt – zu Gedanken an, die mich immer wieder tief beeindrucken. „Ich glaube nicht an Gott", heißt es so oft, und doch auch im gleichen Atemzug: „Hier ist es schön" – „Ich bin beeindruckt" – „Ich finde es hier nicht schlecht." Mancher Besucher, der sich als ungläubig bezeichnet, bekennt sich jedoch sogar zu einer „Person", die auf ihn achtet. Dazu lese ich in diesem „Buch der Anliegen":
„Ich weiß zwar nicht, warum es mich und meine Freundin heute hierher getragen hat, aber ich weiß, dass es hier zwar kalt und verlassen ist, aber irgendwie überwältigend und wunderschön. Ich glaube aber nicht, dass es wirklich ‚Gott' gibt, aber er ist doch für mich eine Person, die, wenn ich Schmerz und Leid habe, für mich immer da ist."
Ich bin in Versuchung, dem Besucher, der diese Worte eingetragen hat, das Prädikat „Gottsucher" zu geben. „Gott ist eine Person, die für mich immer da ist." – Da erinnere ich mich an die Gottesoffenbarung vor Mose.

Damals sagte Gott auf die Anfrage des Mose nach dem Namen Gottes: „Ich bin der Ich-Bin-Da." „Jahwe" – so heißt dieser Name „Ich-Bin-Da" auf hebräisch, und so wollte Gott genannt werden. Der Mensch braucht Zuwendung durch Menschen und hofft zugleich auch auf eine Zuwendung durch eine Person, die in ihrer Liebe beständig und treu ist. Der Glaubende kann seit dieser Offenbarung vor Mose sagen: So ist Gott. Alle Versuche der Juden und Christen, die Zuwendung Gottes durch Mitmenschlichkeit erfahrbar zu machen, waren immer schon die ersten Schritte auf das Bekenntnis zu Gott hin. Der Missionar sorgt für das leibliche und geistige Wohl der Mitmenschen und hat damit den Boden für das geistliche Angebot bereitet. Missionare, die nicht caritativ tätig werden wollten, sind immer gescheitert. Das Wort Jesu: „Der Mensch lebt nicht vom Brot allein, sondern von jedem Wort, das aus Gottes Mund kommt" – bedeutet nicht: „Er braucht kein Brot", sondern es möchte den Weg angeben: Erst Brot, dann das Wort Gottes. Und das „Brot" ist mehr als das Backprodukt aus Mehl, Hefeteig, Wasser und Salz. Es ist Synonym für „Lebensmöglichkeit" und „Grundnahrungsmittel". Es beinhaltet die Freundschaft zweier Menschen, die Bereicherung durch etwas Schönes – wie eine Kirche – oder durch ein „Lösungswort", das meinen Horizont weit macht, z. B. das Wort: „Ich bin für dich da."
Dieses Lösungswort bedeutet: Der andere sorgt sich

um mich, um meinen Leib und um meinen Geist. Diese Feststellung sollte das Ziel der Seelsorge in unseren Gemeinden sein. Christliche Gemeinden stehen in der Verantwortung, Orte sein, wo zu spüren ist: „Hier ist jemand für mich da." Und diese Feststellung ist der Einstieg in das Denken über Gott als den Gott „Ich-Bin-Da".

Dass auch der Kirchenraum eine Brücke zu Gott sein kann, d.h. das Steingebäude und Kunstwerk eine Betroffenheit auslöst, die für das Göttliche sensibilisiert, drückt sich in der Eintragung im „Buch der Anliegen" mit den Worten aus: „Mich beeindrucken die Steinmetzarbeiten und die Malereien." Die christlichen Gemeinden – unabhängig von der Konfession – haben zur Frage der sichtbaren Ausgestaltung von Gottesdiensträumen oftmals unterschiedliche Auffassungen. Einige wünschen die Kargheit, um nicht abgelenkt zu werden. Andere wünschen die farbliche und plastische Gestaltung, um eine Grundlage zur Meditation zu finden. Ich plädiere für die festliche Ausgestaltung, denn diese hat beeindruckt und vermutlich für manchen Besucher eine kleine Brücke zu Gott gebaut.

Besucher der Kirchen, die sich als ungläubig bezeichnen, schreiben ihre Gedanken und zeigen die Chancen auf, die wir durch die Tradition des Raumes und des Gottesdienstes haben. Wir sind ihnen zu Dank verpflichtet, weil sie uns auf Schätze aufmerksam gemacht haben, an die wir uns schon gewöhnt hatten. Sie weisen uns auf unsere Verpflichtung hin, die Räume des Segens einladend zu gestalten, denn wir haben auch für sie Schätze anzubieten, die nicht mit Gold zu bezahlen sind.

Zusammenfassung

Aufmerksamkeit für religiöse Sehnsucht und Bereitschaft zum Beschreiten bisher „ungeschützter Wege" sind die Voraussetzungen bei der Suche nach solchen Feierformen. Dabei sollten „natürliche" Bewegungen und Bedürfnisse der Mitbürger berücksichtigt werden, wie z. B. das Strömen der Bewohner zu einem markanten Punkt der Stadt, wie z. B. einem Platz, einem Berg oder einer Kirche. Es muss nicht unbedingt die „Heilige Nacht" sein, die als ein Termin für solche Feierformen denkbar ist. Auch Lebenswenden wie der Eintritt ins Jugendalter[23], die Schulentlassung, die Hochzeit und das Begräbnis können eine solche Feierform verlangen. Die christliche Tradition ist reich genug, um hier ein Angebot machen zu können, das kein „Ausverkauf der Kirche" bedeutet und auch kein „Theater" ist.

Es scheint notwendig zu sein, die Chance der Segenshandlungen der Kirche neu zu erkennen, die Seelsorger zu Ideen zu ermutigen und von der Angst zu befreien, bei diesen Feiern Unverständliches zu sagen und zu tun. Der Seelsorger muss sich bemühen, verständlich zu sprechen, jedoch darf er auch das Unbegreifliche Gottes und des Glaubens nicht in Banalitäten auflösen. Das Anliegen der Liturgiereform des Zweiten Vatikanischen Konzils war es, die

Texte und Riten dahingehend zu verändern, „dass sie das Heilige, dem sie als Zeichen dienen, deutlicher zum Ausdruck bringen, und so, dass das christliche Volk sie möglichst leicht erfassen und in voller, tätiger und gemeinschaftlicher Teilnahme mitfeiern kann“[24]. Damit sollte das Mysterium Christi und der Kirche besser aufleuchten. Dieser Prozess ist noch nicht abgeschlossen. Das „christliche Volk“, aber auch die Nichtglaubenden benötigen weitere Hilfe zum Erfassen des Heiligen. Unsere Zeit und die Menschen in ihr fordern zu neuer Offenheit für das Wirken des Gottesgeistes in den Herzen der Menschen innerhalb und außerhalb der Kirche auf.

Der Heilige Geist als Seele der Kirche bewirkt Veränderungen, die verunsichern, aber auch zu einem neuen und immer wieder erneuerten Gesicht der Kirche führen. Er lädt in die Gemeinschaft der Kirche ein, wobei dadurch auch diese Gemeinschaft verändert wird. Die Berufung von neugetauften Erwachsenen in einen Pfarrgemeinderat bedeutet auch: sich den Fragen der Neuen stellen zu müssen, die eben nicht wissen, wie man im letzten und vorletzten Jahr Fronleichnam und Pfingsten gefeiert hat und die gern verstehen wollen, warum es so gemacht wird, wie immer. Sie suchen die Gemeinschaft der Glaubenden, aber es ist durchaus möglich, dass sie diese Gemeinschaft durch ihre Suche verändern. Jeder, der in eine Gemeinschaft neu hinzukommt, bringt auch

Veränderung mit, und dadurch kann eine solche Gemeinschaft auch nicht vergreisen. Nur dann, wenn man die Veränderung nicht mehr zulässt, wird es ein Vergreisen und Absterben geben. Wenn der Heilige Geist die Seele der Kirche ist, wird er auch dafür sorgen, dass wir in der Wahrheit bestehen bleiben und nicht einem Irrtum erliegen. Er bringt uns manchmal auch durcheinander und führt uns zur Ratlosigkeit. Aber immer gibt es dann auch die Charismatiker wie Papst Johannes Paul II. oder den seligen Papst Johannes XXIII., die aus der Enge herausführen können. Ich setze bei jeder Firmung auf die Jugendlichen, die sich heute auf diese konkrete Kirche einlassen und sie durch ihre Charismen prägen und auch verändern wollen. Ich bin gespannt auf jeden jungen Seminaristen, der sich auf den Weg zum Priestertum macht und ganz verschiedene Gedanken und Wünsche in die Ausbildung mit einbringt. Ich wünsche mir Regenten, die einerseits dafür sorgen, dass es eine solide theologische und spirituelle Ausbildung gibt, aber anderseits auch sich auf die neuen Ideen einlassen, die eingebracht werden wollen. Um herauszufinden, inwieweit mein Leben für die Kirche sinnvoll und hilfreich ist, braucht es die Besinnung in der Vorbereitung auf den Empfang des Bußsakraments, der Versöhnung mit Gott und der Kirche. Hier kann ich entdecken, ob meine Gedanken und Taten egoistisch oder in Liebe zum Wohl der Kirche waren. Durch

diese innere Erneuerung ist die äußere Erneuerung möglich. Nur dort, wo dem Heiligen Geist ein Raum gewährt wird, hat er eine Chance zum Wirken
Hier und heute ist ein solcher Ort, wo wir der Seele der Kirche sehr nahe sein können: dem Heiligen Geist. In unserer Gemeinschaft will er da sein und wirken. Räumen wir alles aus, was ihm den Raum streitig macht, und geben wir ihm eine Chance und damit der Kirche eine neue Chance, Zeichen des Heiles für die Welt zu werden.

Anmerkungen

1 Ebd. 16f.
2 Ebd. 16.
3 Joh 1, 39.
4 Vgl. ebd. 17.
5 Ebd. 17.
6 Vgl. ebd. 18-20.
7 Vgl. ebd. 20.
8 Vgl. ebd. 21.
9 Sekretariat der DBK (Hrsg.), „Mehr als Strukturen ... Entwicklungen und Perspektiven der pastoralen Neuordnung in den Diözesen“. Dokumentation des Studientages der Frühjahrs-Vollversammlung 2007 der Deutschen Bischofskonferenz (Arbeitshilfen 213), Bonn 2007, 98.
10 Ebd. 101.
11 Ebd. 101.
12 Joachim Wanke, Feiern für Ungläubige (=gd 11/93), 85.
13 Es zeigte sich in jedem Jahr eine altersmäßige Verjüngung der Mitfeiernden. Vor der Wende kamen neben vielen Ausländern aus Vietnam und der Sowjetunion Bürger, die vermutlich in der Kinderzeit, die vor der Gründung der DDR (1949) lag, zur Kirche eine Beziehung hatten. Nach der Wende kommen vorrangig junge Erwachsene aus der Stadt.
14 Joachim Wanke, Feiern für Ungläubige (= gd 11/93), 85.
15 Sylvia Wolff, Ankunft im Leben. Begegnungen auf dem Weg zu Gott, Leipzig 2004.
16 Vgl. ebd. 83-96.

17 Ebd. 86.
18 Ebd. 86f.
19 Ebd. 89f.
20 Ebd. 92f.
21 Ebd. 95.
22 Vgl. u.a. Christiane Bundschuh-Schramm (Hrsg.), Ich will mit dir sein und dich segnen. Segensfeiern und Segensgesten, Ostfildern 1999.
23 Der Autor hat 1998 zum ersten Mal im Erfurter Dom eine „Feier der Lebenswende“ für ungetaufte Jugendliche der 8.Klasse angeboten, die an der traditionellen Form der Jugendweihe nicht teilnehmen wollten. Diese Feierform hat vielfache Beachtung in den Medien gefunden.
24 SC 21.

Ich habe diese Karte gefunden in dem Buch

____

Haben Sie dieses Buch

- [ ] gekauft
- [ ] geschenkt bekommen?

Sind Sie auf das Buch aufmerksam geworden durch

- [ ] einen Prospekt
- [ ] eine Anzeige in ______________
- [ ] eine Buchbesprechung in ______________
- [ ] eine Empfehlung
- [ ] Ihren Buchhändler?

Wie hat Ihnen das Buch gefallen?

- [ ] sehr gut
- [ ] mittelmäßig
- [ ] gar nicht

- [ ] Bitte informieren Sie mich regelmäßig über aktuelle Bücher des St. Benno-Verlages.

Folgende Themen interessieren mich besonders:

- [ ] Geschenkbücher
- [ ] Kalender
- [ ] Spiritualität / Gebetbücher
- [ ] Glaube & Leben
- [ ] Edition Radio Vatikan
- [ ] Kinder- und Jugendbücher

Name ______________ Vorname ______________

Straße, Hausnummer ______________ PLZ, Ort ______________

Telefon mit Vorwahl ______________ e-mail ______________